なぜ、あの人は仕事ができるのか

田尻望

すばる舎

・プロローグ・

もっと生産性を高めたい、あなたへ

「頭の中がグチャグチャで、仕事がはかどらない」

「雑務が多くて、大事な仕事に時間を使えない」

「締め切り間際まで、バタバタしがちだ」

「残業しないと、仕事が終わらない！」


こうした体験は、誰もが大なり小なり経験しているのではないでしょうか。

一生懸命に仕事をしているのに、あっという間に時間が過ぎていき、気づくと1日が終わっ

ている。そして、後悔がよぎります。


「メールへの返事や、会議で1日が終わってしまった」

「もっと情報収集してから、提案書を作成したかった」

「通したい企画があるのに、考える時間がない！」

「あー、もっと時間が欲しい！」


かつての僕も、こうした思いを抱えていた一人です。新入社員時代の僕は、効率とは程遠い仕事をしており、生産性も低く、成果が出ない時期がありました。

なぜ、あの人は「仕事ができる」のか？

僕が2008年に新卒で入社した会社はキーエンスでした。

営業利益率50%超[※]、平均年収2000万円超[※]の非常に高収益&高年収な会社です。

入社後、僕は仕事を素早く回し、颯爽と成果を出すつもりでした――が、とてもじゃないけどできませんでした。

むしろその逆で、入社直後はとにかくバタバタ仕事をしていましたし、恥ずかしいことに会社に遅刻したことすらありました。根気とスキルを磨いて「何とか成果を出そう！」と必死だったのですが、ことごとくうまくいきません。

そんな僕の隣で、かっこよく成果を上げていたのが同期のKさんです。僕自身、一生懸命に仕事をしていたつもりでしたが、明らかに仕事の出来や成長スピード、そして評価も違ったのです。

「僕と彼は、何が違うんだろう？」「何が違うと、こんなに差がつくんだろう？」と、圧倒的な結果の差に頭を悩ませました。

何をやってもKさんに追いつけません。Kさんはムダなことに一切時間を使わず、素早く

※営業利益率は2024年3月期、平均年収は2023年3月期

仕事をこなし颯爽と成果を上げていきます。一方、僕は効率とは程遠い仕事のやり方をしていたため、1日終わってみると、成果の違いは歴然としていました。

なぜ、Kさんは仕事があれほどできたのか？　それは、「仕組み」が関係しています。

Kさんは仕事を効率的に進め、より付加価値の高い仕事をするための仕組みを〝意識的に〟つくっていたのです。一緒に仕事をさせていただいた4年間は、とても大きな学びを得たと今でも感謝しています。

「仕事ができる人」は、コレを大事にしている

先ほどKさんの例を紹介しましたが、**仕事ができる人には「ある共通点」があります。**

それが仕組みをつくること。仕組みをつくると、毎回ゼロからやる「時間のムダ」を省いたり、成果が出せたことを再現可能にしたり、教育の時間や学ぶ時間を短縮できたりします。根気やスキルアップよりも、**成果にダイレクトに影響するのは仕組みです。**

仕事ができる人は、仕組みをつくることで、価値を生まない時間を極限まで減らして、生産性を上げています。

まさに「ムダなことは1秒もしない」――これを実現できています。

さらに仕組みをつくる最大のメリットは「空き時間が手に入る」ということです。

仕事ができる人たちは、**この空いた時間を使って、「より価値のある仕事」「人から喜ばれる仕事」、すなわち「高付加価値な仕事」をしています。**

本書で最もお伝えしたいのが、「仕事の高付加価値化」です。

文字通り、仕事の価値を高めるわけですが、これによってお客様が求める価値を提供できるようになり、大きな利益となって返ってきます。

お客様に喜ばれ、会社や人に評価され、収入も上がっていく――。こんなふうに高付加価

値な仕事をすると、成長しながら一つ上のステージに上がることができるんです。

ムダな仕事を圧倒的に減らし、ラクに爆発的に成果が出せる秘訣！

なお、「仕組み」というと設計図が必要な難しいもの、マニュアル的で人間味のないものと思う人もいるかもしれません。

でも、**仕組みがもたらすメリットはとても大きく、「これなしでは仕事ができない」と今では思っています。**

仕組みには、ビジネスモデルなどの大きな仕組みもありますが、僕が本書でお伝えする仕組みは、そこまで大きなものではありません。**むしろ、小さな「仕事の枠組み」と捉えてく**

ださい。例えば、1日の仕事や商談、ミーティングの進め方などがこれに当たります。

仕組みがないと、同じ作業を毎回ゼロからやったり、間違いを繰り返したりするなど、とても効率が悪いのです。

ちなみに仕事の仕組みをしっかりつくっておくと、リーダーやマネジャーになったとき、思ったよりも負担が少なくてすむはずです。仕組みのおかげでメンバーがちゃんと動けるので、過度な指示や心配を抱えずにすみ、ストレスがグンと減るからです。

僕自身、この考え方を徹底することで僕自身のみならず、お客様やメンバーに成果を出し続けてもらうことができています。

営業利益率50%超、平均年収2000万円超
「高収益&高年収」集団・キーエンスから学んだこと

これらの考え方は、僕がいたキーエンスという会社から学んだものです。

キーエンスは２０２４年3月期で、年商９６７３億円、営業利益４９５０億円（営業利益率51・２％）、連結従業員数も1万人程度。単体でいうと２７００人程度の規模であり、1人当たりの付加価値生産性が非常に高い会社です。**これは社員一人ひとりが仕事を仕組み化し、高付加価値な仕事をすることで成し遂げられている数字だと、僕は見ています。**

恥ずかしながら、会社にいるときはそのすごさに気づきませんでした。２００８年に入社後、２０１２年に独立して事業を始めました。離れてみて気づいたのがキーエンスの仕組みのすごさです。

会社のあらゆる仕組みが、「仕事から生み出される付加価値を高める」というベクトルに向かってつくられていました。僕はそのすごい仕組みの中で、ギュイーンと、歯車のように高速回転していたんです。独立後、高速回転していた環境から、仕組み化されていない世界に飛び込むことになり、仕組みの重要性と、仕組み化されていない不自由さを嫌というほど味わいました。

これらの経験を経て、僕は仕組みの重要性を再認識し、多くの企業様や個人の仕事におい

て、付加価値の高い仕事をするために、仕組みづくりが必須であるとお伝えするようになりました。

結果が出ない理由は、スキルでもやる気でもなく○○○だった

僕は「仕事の9割は仕組み化できる」と考えています。

裏を返せば、「仕組み化」できていないために、個人の仕事の悩みが増大しているのではないかと思います。

では、どのぐらいの組織が仕事の価値を高めるための仕組みをもっているでしょうか？

僕の実感では１００％、つまり全ての組織がまだ道半ばだと思います（もちろん僕の会社

も、さらに仕組み化して、価値を高めていきたいところがたくさんあります！）。

見方を変えれば、社員一人ひとりが利益を生み出すための環境が十分に整っていない会社ばかりだ、といえるのです。

「自分はもしかしたら、成果の出ない『仕組み』の中で仕事をしているのではないか？」

「だから成果が出にくいのではないか？」

もし、こう気づいたらチャンスです。今日から、行動を起こしましょう。あなたのできる範囲で仕組み化を進め、成果の出ない「仕組み」から脱する策を講じてください。

生産性が爆上がりし、「高評価」「働きがい」「ありがとう」が手に入る働き方

今僕は、経営コンサルタントとして、年商10億円規模から10兆円企業のクライアント様に、事業の付加価値向上を行うための支援をしています。

経営コンサルティングのみならず、研修を通して、「付加価値を向上する」という方法をお伝えしています。

すなわち、お客様に喜んでいただきながら、収益を向上させ、お金をいただきながら「ありがとう」と言われる。そんな高付加価値な仕事の仕組みづくりをご紹介し、実践していただいています。

その結果、超大手と言われる企業様や、地元の盟主と言われるような企業様が（僕の会社からの支援だけではないのですが）、年間で数百億円以上の粗利益向上を達成されています。

そして何よりも僕が嬉しいのは、

「買わせてくれてありがとう。これは気づかなかった」

「お客様にとても喜んでいただけた、ありがとう！」

とクライアント様におっしゃっていただけたときです。

「自分は誰かの役に立っている」という思いで仕事ができること、これほど嬉しいことはありません。高付加価値な仕事をすることで、「高収入」や「高評価」のみならず、「ありがとう」という言葉や、「働きがい」を手にすることができます。

ぜひ、あなたにも、僕がこれまで学んできた仕事の仕組みづくりや、高付加価値な仕事の方法をお伝えしたいと思っています。

仕組み化と高付加価値化、これにより、これまでとは違う、驚くほどのスピードで成果を出せるようになります。**実際、多くのビジネスパーソンたちがこのやり方を身につけることで、成果を出し始め、会社から評価され、収入が上がっていっています。**

あなたも本書をお読みいただき、今以上の成果を上げていってほしいと思います。

そして、ぜひ仕事に見合う高い年収を手にして、活躍の場を広げていってください。

一緒に頑張りましょう！

２０２４年６月吉日

田尻望

本編は4コマ漫画付き！

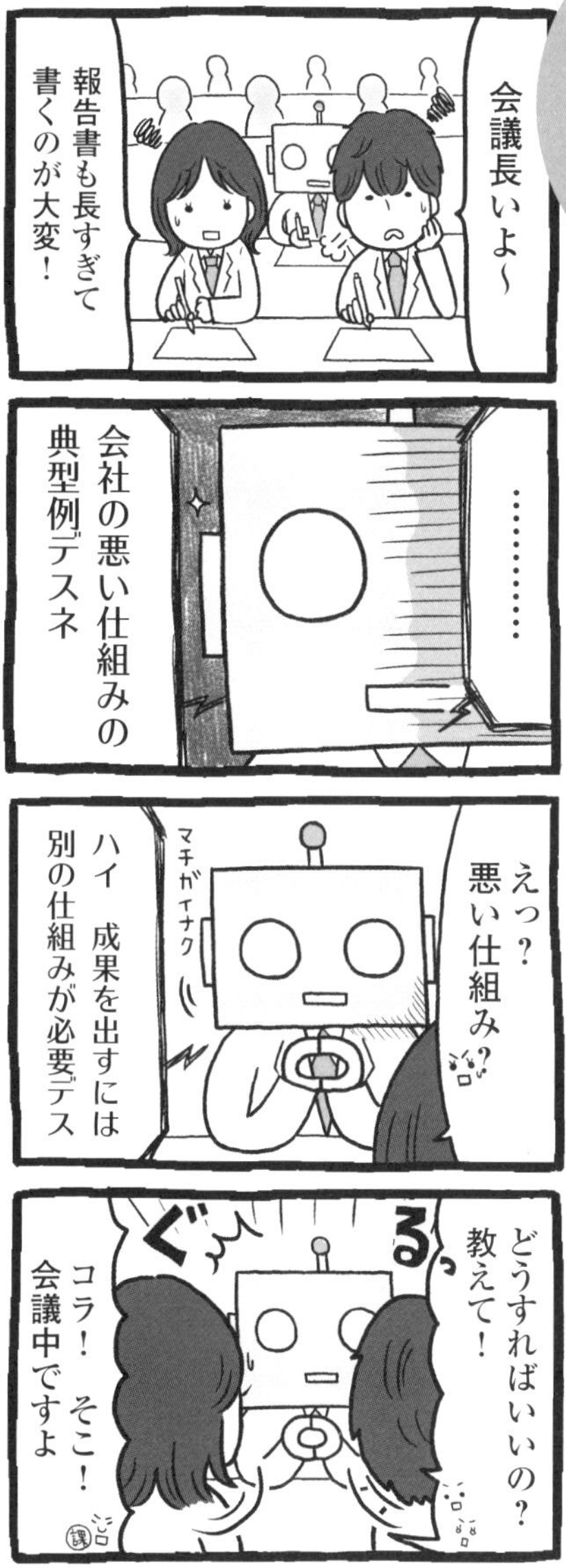

会議長いよ〜

報告書も長すぎて書くのが大変！

……

会社の悪い仕組みの典型例デスネ

えっ？悪い仕組み？

マチガイナク

ハイ　成果を出すには別の仕組みが必要デス

どうすればいいの？教えて！

ぐるっ

コラ！　そこ！会議中ですよ

続きは本編へ ←

なぜ、あの人は仕事ができるのか？

目次

1章

もっとラクに成果を出す方法がある！

仕事ができる人は、コレをしている

2章

「毎日、バタバタ」から抜け出せる

「仕組み化」で、ムダが激減し仕事がはかどる！

3章

仕組み化❶

3つのステップで「効率化」する

4章

「高付加価値」な仕事をする視点とは？

先入観を捨て、発想を切り替えよう

5章

仕組み化②

コレで生産性が爆上がりし、「高付加価値」な仕事ができる！

仕組み化③

ネガティブから抜け出し、好感度が上がる「言葉の使い方」

6章

7章

仕組み化④
爆発的にあなたの価値が高まる習慣

漫画　りゃんよ
レイアウト・図版　草田みかん
執筆協力　阿部祐子

1章

仕事ができる人は、コレをしている

もっとラクに成果を出す方法がある！

頑張ってるのに……
僕ってダメだなあ
タローくんは頑張って
マス「仕組み」のせい
じゃないでしょうか

悪いのは「仕組み」かもしれない

「残業したくない」「もっと売れたい」「評価を高めたい」「年収を上げたい」など、仕事をする僕たちにはさまざまな願いがあります。

では、それを阻むものは何か？

多くの場合、それは「仕組み」によるものです。成果の出る仕組みの中にいれば、成果は出るし、出ない仕組みの中にいると、やはり成果は出ないのです。

だから思うように成果が出ないとき、くれぐれも「自分のせいだ」と責めすぎないでください。

この考え方は、決して、「自分に甘くなってください」という話ではありません。自分自身の甘えやサボりで、仕事がとん挫した場合には、大いに猛省してください。

しかしながら、その猛省も、「自分という存在が悪い」という形ではなく、「自分がつくった仕組みが悪い」と捉えてほしいのです。

遅刻するのも、仕組みのせいだった！

僕はキーエンスにいたときに、遅刻をしてしまったことがあるんです。正直、「人生終わった」くらい猛省しました。

当時の上司は、残念ながらそれだけでは許してくれませんでした。自分が遅刻するということが、周りにどれほど迷惑がかかる可能性があるかについて、ばっちり詰められたのち、こんなやりとりをしたのです。

上司「反省したのはわかった、なんで遅刻したの？」
田尻「えっ……実は、アラームが鳴らなくて……」
上司「いつもどうやって起きてるの？」
田尻「携帯のアラームです。今日、まさかの電池切れで……」
上司「なるほど、それだね。『まさかの』ではないね。いつ起こってもおかしくないこと。
今日、帰りに爆音の目覚まし時計を買って帰って」

「しょうもない！」と思うかもしれませんが、**僕が伝えたいのは「自分を取り巻く仕組みに目を向けてください」ということです。**

その仕組みは、他人や会社がつくり上げたものもあれば、僕のように自分でつくっている仕組みも多いのです。

「仕組み」を知ることが大事！

今まで心の中でモヤモヤしながら、その状況を受け入れていませんか？

例えば、言うことがコロコロ変わるなど、指示が曖昧な上司に、「成果」を出すよう求められたとしても、「何が成果なのか」

仕事をしやすい仕組みにする上で役立つのが「仕組み化」

が明確ではないため、いつまでたっても改善点がわかりません。こんな上司にならっていては、成果が出るはずなどありません。

しかしこれも、大元になる**「仕事の仕組み」がわかってしまえば、上司の意図や、会社が求める成果について、ちゃんと理解できるようになります。**

「仕事の仕組み」や「言葉の仕組み」が「成果が出る仕組み」になっていけば、誰でも、自分が思っている以上に成果を出していけるようになります。

多くの人は、会社や仕事の「仕組みの良し悪し」に気づいていない

2 目指したいのは、高付加価値な仕事！

「仕事の仕組み」の目的は？

こうした成果の出ない仕組みの渦から抜け出したり、改善したりするためにも、仕組みについて、よく知っておき、対策を講じていきましょう。

本書では、あなただけでなく、誰もが知らず知らずのうちに巻き込まれている仕組みの気づき方や、そこから脱する方法を紹介していきます。

言うまでもなく、仕組みは悪いものばかりではありません。

あなたを救うのも、また仕組みです。

本来、「仕事の仕組み」はシンプルです。その目的は、たった一つ、価値をお客様に提供するためにあります。

例えば、営業職なら、お客様に商品を提供し、価値を感じてもらうために、一件でもアポを増やして成約に結びつけていくのが目的です。

そのためには、お客様と商談する時間を増やしていくことが重要ですが、会社からは毎回、長々とした報告書の作成を求められたり、長い会議に参加させられたりして、貴重な時間を奪われてしまう……。こうした状況が改善されていない。これらは成果の出ない悪い仕組みの一つです。

仕組み化するメリットは大きい

成果に結びつかない時間をできるだけ圧縮し、商談する時間に回していけるような「良い仕組み」にするには、どうしたらいいのか？

それを実現するのが本書でお伝えする「仕組み化」です。

仕事をどんどん「仕組み化」することで、新しく時間が生まれます。この時間を付加価値の高い仕事に回していき、高付加価値な仕事をしていく——。これが本書で最もお伝えしたいことです。

「仕組み化」のやり方は、2章以降で詳しくお話ししていきます。最初は時間や手間がかかる業務をやめたりまとめたりフォーマット化したりして、どんどん効率化していく手法です。

今ではChatGPTなどを活用すれば、さらに効率化までの時間もスピードアップできます。

わずか1つの作業を「仕組み化」するだけでも、1カ月単位で見ると、何時間もの時間を、年間で見れば、1カ月単位の労働時間を短縮することにつながります。成果が出やすい仕組みをつくるためにも、ぜひ本書で紹介する「仕組み化」にチャレンジしてほしいと思います。

CHECK!

仕事ができる人は、仕組み化して「節約した時間」を賢く使っている

成果の出ない「悪い仕組み」とは？

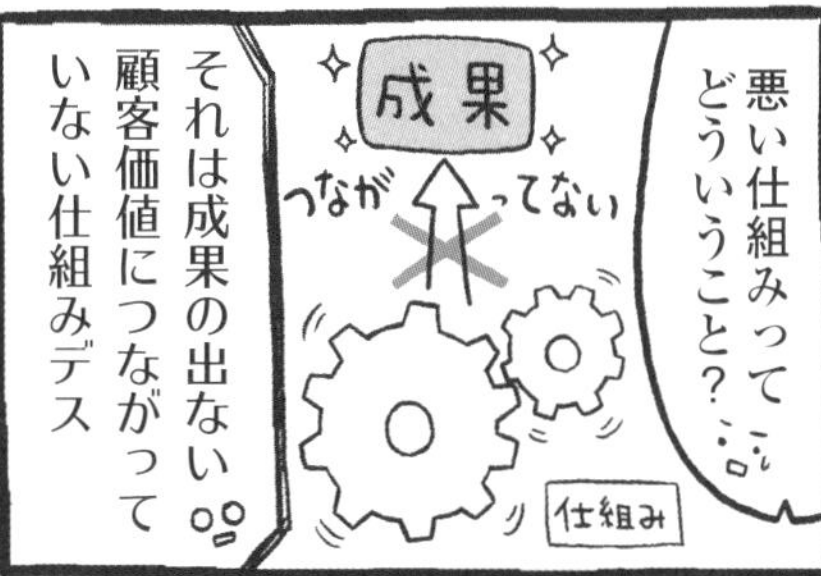

戦略のない指示では成果は出ない

仕事の成果を左右する仕組みについて、もう少しお話ししておきます。

実は、名の通った企業でも、悪い仕組みが残っていることはままあります。昔は通用したものの現在では成果の出ない仕組みになっているのです。

例えば、アポ取りのやり方もその一つ。分厚いリストを渡されて、「上から順番に、単純にアポ取りの電話をかけ続ける」という、伝統的な営業手法があります。

この方法では確率的にある程度のアポは取れるかもしれません。

しかし、効率的な営業活動や、お客様が求めている価値を考え、長期的な関係を築いていくうえでは、必ずしもベストとはいえません。多くの場合、他の手法や戦略との組み合わせが求められます。

戦略があるならまだしも、「ただ電話をかけろ」といった指示が一方的に下りてくる職場だとしたら、成果が出ないのは当然です。もし今、これと似たような環境にいるとしたら、あなたの巻き込まれている仕組みは良いとはいえない、ということを認識しましょう。

顧客への価値につながらない「仕組み」(例)

適切な営業資料が提供されない	必要な情報が手元にないことで、成約のチャンスを逸する可能性がある
不明確な営業目標	何を目指すべきかがわかりづらくモチベーションが低下する
手書き、その後利用されない営業報告書の作成	効果的な営業活動の時間を奪う
旧式の営業支援ツールの継続使用	非効率で、競合他社に遅れを取る可能性がある
情報が共有されない	ほかの営業担当者や部署との連携が困難になる。属人的な営業組織になる
目的のない長すぎる会議	顧客との接触時間が減ってしまう
複雑な内部承認プロセス	速やかな提案や契約の進行を妨げる
短期的なインセンティブ制度のみ	目先の売上ばかりを追求し、長期的な顧客関係の構築がおろそかになる
細かすぎるKPI※設定	数値達成のための活動中心になり、成果や顧客価値の提供から遠ざかる
営業エリアの固定化	新しい顧客や市場のチャンスを逃す可能性がある

(KPI = Key Performance Indicator　重要業績評価指標)

「改善の仕組み」が回っているか？

では、こうした会社は、どんな会社になったらよいのでしょうか？　それは、「改善の仕組み」が回っている会社です。

僕のお客様でもアウトバウンドコールを行っているコールセンター企業や営業会社があります。もちろん電話を日々たくさんかけています。

こうして電話をかけていくなかで、お客様が断った理由、買ってくれた理由が明確になっていきます。さらに買ってくれた方のプロフィールから新しい顧客ターゲット像を抽出するなど、日々改善が行われています。

こういった形で改善が行われている会社であれば、成果の出ない〝仕組み〟に気づいたときには、その仕組みをより良いものに改善してくれるでしょう。

「それが普通じゃないの？」と思うかもしれませんが、そうではない会社もたくさんあります。現場の意見を鑑みて、改善していく会社としない会社、あなたの会社はどちらに当たるのかをぜひ考えてみてください。

顧客への価値につながる「仕組み」(例)

営業KPI[※]の設定とモニタリング	最も成果の出る営業上の活動が増えるようなKPIが設定されることで、会社の成果と、個人目標達成とが合致し、会社と個人が同じ方向（顧客への価値）を向いて仕事ができる
営業支援ツールの提供	それを読めば顧客のニーズに刺さるような、効果的な営業プレゼンテーションや提案書があることで、一定以上の成果が誰でも出せるようになる
体系的な人材育成（営業研修、スキルアップ研修など）	スキルや製品知識を高め、提案力を向上させることができる。さらに共通言語、共通認識ができるため社内でのコミュニケーション不和が減る
成果の出るメールフォーマット（個人・チーム）	一定以上の内容が最初からフォーマット化されることで、都度作っていく時間が削減され、かつクオリティも保てる
最も喜ぶ顧客のセグメンテーション	自社商品を喜んで買い、かつ使って喜んでくれるような顧客を特定し、ターゲティングすることで、ムダなアプローチが減り、かつ購買確率が高まるため生産性も上がる
営業成功事例共有の仕組み	営業活動の中で、顧客が喜んで買ってくれた例や競合がいたにもかかわらず買ってくれた例が、定期的に共有されることで組織として営業効率が高まっていく。そしてそれはナレッジとして蓄積される
CRM（顧客関係管理）システム	顧客の情報やニーズを一元管理し、営業活動において、効率的かつ継続的な顧客との関係性を担う基盤になる
顧客フィードバック収集システム	お客様の意見や要望を知り、営業戦略や提案内容の調整や、新しい商品への企画を提案できるようになる
マーケティングとの連携体制	よりマスなマーケティング活動と同期することにより、効果的なアプローチが可能になる
アフターサービスとの連携体制の仕組み	フォローをスムーズに行い、顧客満足度を高め、クレームがないことで、営業として安心して全力で売れる
モバイルアプリケーション	外出先でも様々なやり取りができる

（KPI ＝ Key Performance Indicator　重要業績評価指標）

仕組みの「良し悪し」を知り、手を打っていく

本来、「仕事の仕組み」は、市場に価値を提供するためにあり、それが利益になっていきます。このためには、「お客様が求めている価値は何か?」を知るための情報収集や、「その価値を提供するにはどうしたらいいか?」という考えを実践できる仕組みが必要です。

今、あなたがいる会社では、こうした仕組みができていますか?

自分の現在地を探るためにも、最低限の仕組み……つまり改善すれば良くなる仕組みとはどんなものなのか確認しておきましょう。39ページ、41ページでは、それぞれリストアップし、その理由を表にまとめました。基本的に営業系の仕事に当てはまるかと思いますが、業界によっても異なりますので、一つの例として捉えておくとよいでしょう。

CHECK!

自分が悪い仕組みにいると気づいたら、策を講じよう

4 「悪い仕組み」の中でトップになる人の秘密

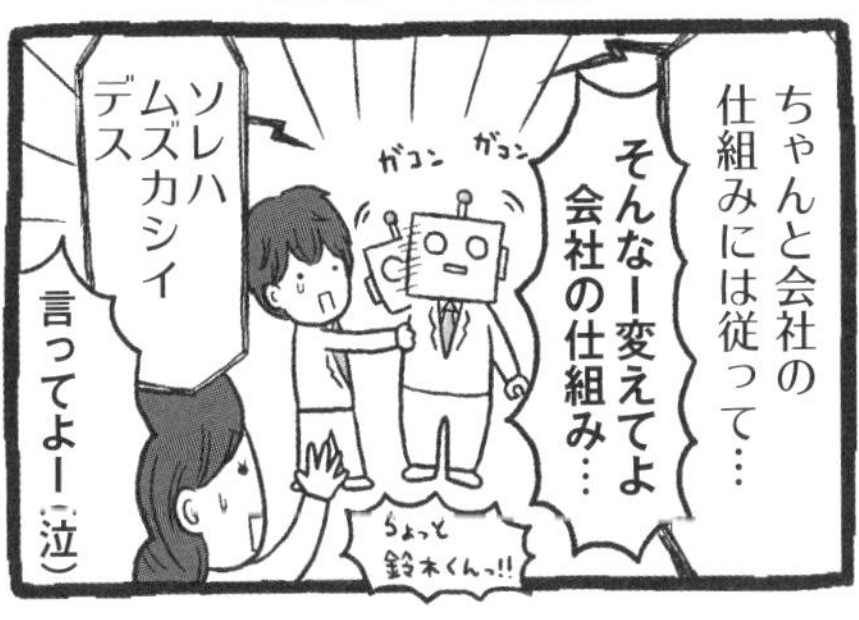

仕事ができる人は、「新しい仕組み」をつくっている

前項でお話しした、顧客への価値につながっていないムダな仕組みについて、「思い当たることばかりだ」、と暗澹（あんたん）たる思いの人もいるかもしれません。

しかし、そうしたムダな仕組みの中でも、着々と成果を上げている人がいます。あなたの周囲にも、そういう同僚や先輩がいるのではないでしょうか？

実は、仕事ができる人の秘密も、やはり仕組みです。

彼・彼女たちは、会社の仕組みのダメさを十分に認識しています。しかし、正面切って正論を言っても、その会社では通用しないし、変わらない、変えられないこともわかっているのです。

そこで、**とりあえずは会社のムダな仕組みに従うように見せて、その中で自分なりの仕組みをつくり、効率的に、付加価値を高める仕事をしています**（「効率的な仕事」「仕事の付加

価値」については2章以降で述べます）。一例を挙げます。

・会社が提供する営業資料が不十分だったり、顧客に刺さらなかったりしたら、自分で作成してフォーマット化し、できるだけ流用して効率化する
・報告書の作成が最短でできるように自分でフォーマットを作り、コピー&ペーストで済ませる
・自分で顧客に刺さる提案書のフォーマットを作り、流用しながら効率的、効果的に進める

なぜ、成果を出す人が、こうした「仕組み化」をできているかというと、**「自社製品・サービスを買っていただき、顧客に付加価値を届け、利益を上げる」が仕事の最大の目的かつ業務上の成果であり、経営者も暗に望んでいることでもあるため、それ以外はすべて効率化すべきこと、と理解しているからです。**

成果が出る人、出ない人の行動

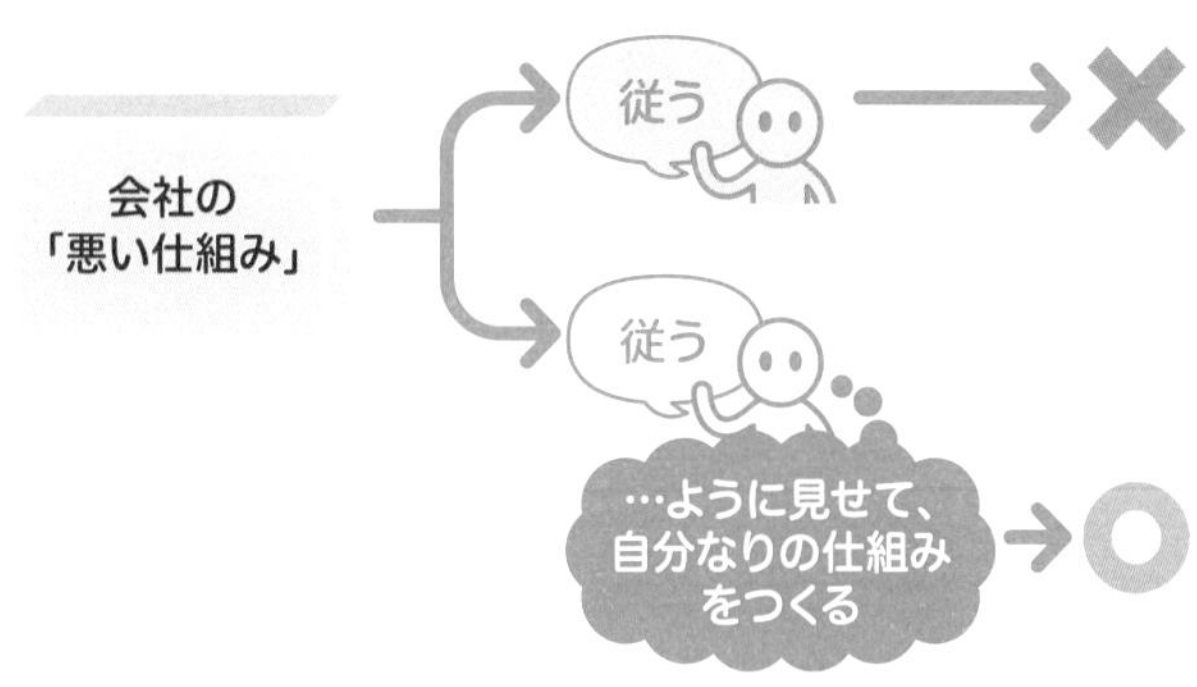

利益を生む仕事に時間を使うために、上手に「仕組み化」している

それでも、口うるさく「アドバイス」や「意見」する上司もいるかもしれませんが、基本「ありがとうございます」と笑顔で返します。否定しても何も生まれないからです。アドバイスには感謝しますが、それを実行するか否かは自分で判断します。

なお、業務命令の場合は基本的にその通りに実行してくださいね。仕事のルールを破ってもいいという話ではありません。

ときおり会社のルール（変えられないルール）までも変えたいと思う人がいるのですが、そこに逆らっている時間が、ほぼムダですので、さっさとその業務命令をこなして、成果が出る仕事の時間にしたほうが効果的です。

成果を上げれば勝ち、の理由

「それは理想論だよ。勝手なことをしたら上司ににらまれそう」と心配になった人もいるかもしれません。そういったことについてもあまり心配する必要のない時代になってきたと思います。

なぜなら、理不尽なやりとりは、大きな会社ではパワーハラスメントになってしまいますし、小さな会社では、成果を出す社員はすぐに役員の目に止まります。

そして、成果を上げれば、会社での評価は勝手に上がります。これは、拙著『付加価値のつくりかた』（かんき出版）の中で、会社・法人の感じる価値とは、生産性の向上、財務の改善、CSRの向上、コストの削減、リスクの回避軽減、付加価値の向上であると、お話しさせていただいた通りです。

つまり、会社としての価値観は「会社が感じる価値を高めた人は評価される」なのです。これはたくさんの経営者の方とお話ししてきましたが、ほぼ共通認識です（ときどき社員をモノのように扱っている人もいましたので……ほぼです）。

そのため、たとえ直属の上司（課長）の心証が思わしくなくとも、「彼・彼女は成果を上げているのに、なぜ評価しない？」と、その上の部長から横やりが入ります。特に中規模までの会社では顕著で、成果を出すことができていれば、あなたは順調に昇進していきます。

ときには、成果を上げ始めたところで、「彼・彼女はデキるからそれでいい」と、ある程度、窮屈なルールから、はみ出すことを許されるかもしれません（その会社としてはいいことではないんですが……）。

このように、仕組みについて理解し、実践すると成果を上げられるようになり、職場環境に関係なく、自由度が上がります。現状に比べて、かなり仕事が楽しくなるのではないでしょうか。

CHECK!

新しい仕組みをつくり、成果を出すと自由度が上がる！

「言葉の仕組み」にも注目しよう

世界一の営業パーソンはこう話す

仕組みは、会社や組織のルールの中だけにあるわけではありません。実は、僕たちが普段使っている言葉にもちゃんと仕組みがあります。

営業のトークスクリプトもその一つです。

例えば、アポ取り時、

「一度、お話しさせてください。私たちの商品について聞いてください」

と言うときと比べて、

「〇〇さんのお話をぜひ聞かせてください」

と伝えたときのアポイント率は、各段に上がります。

ちなみにこれは、僕が「世界一になった保険の営業担当」に教えてもらった営業トークの秘訣の一つです。

「聞いてください」はよほど興味がない限り警戒されます。

しかし「お話を聞かせてください」と言われると、「え……何の話を聞きたいんですか？」とあちらから聞いてくれる可能性が出てきます。

特に人は、人から尊敬されたいと思う人が多い。そんな人に尊敬の念を込めて、お話を聞かせてくださいと言えば、「教えてあげようかな」という可能性も出てきます。

営業活動では、会えなかったら価値提供できる可能性はゼロ。会えるからこそ確率が出てきます。**「聞いてください」から「聞かせてください」という、ちょっとした言葉の置き換えの仕組みで、成果への道に進めるのです。**

ネットで見かけるバナーもそうですよね。「今すぐ購入」より、「試してみる」というバナーのほうがクリックされやすい。「買う」という結果は同じなのに、言葉ひとつで大きな違いが出ます。

表現の違いで、購入率が劇的に変わる!

僕が実際に関わった、あるアンケート調査の例を紹介します。

> 9月に家族でパリに旅行に行くと仮定します。
> あなたは次のどちらの商品を予約しますか?
> ①人気のエッフェル塔ガイドツアー、1人5千円
> ②パリ在住20年、日本人ガイドさんと行く
> 人気のエッフェル塔ガイドツアー、1人1万円

実際に、ある場所でアンケートを取ったところ、**代金が2倍なのにもかかわらず、②を選**

んだ人が全体の75％でした。

ここでポイントなのは、実は、①と②は同じ内容の商品だということです。どちらにも日本人ガイドさんがいるのです。

売り手が、商品価値がきちんと伝わる言葉を選んで使うことで、倍の金額でも75％が選ぶ。これが言葉の仕組みです。

「人を動かす言葉」という小さな仕組みに気づけるかによって、粗利益率、成果額に大きな差が出てきます。6章では、こうした「言葉の仕組み」に着目して、活躍の場がさらに広がる言葉の使い方を紹介していきます。

ニーズに訴求する表現だと、成果額がグンと伸びる

6 仕事ができる人は、成果が出る環境をつくっている！

会社の仕組みに問題があることは

何となくわかったけど
僕に何ができるかな

イイデスネ
「悪い仕組み」に
気づいたら
「より良い仕組み」を
つくっていきましょう

仕事の成果

より良い
仕組みづくり

会社の仕組み把握

メールに割く時間を減らそう

仕組みの重要性と良い仕組みをつくるための「仕組み化」について説明してきました。次章から、いよいよ「仕組み化」のやり方を紹介していきます。

「仕組み化」といっても、個人ができる範囲のものなので、安心してください。

メール文のコピー&ペーストも立派な「仕組み化」といえます。

毎回、「平素よりお世話になっております。この度は、……云々」という文章を一から書くのは時間のムダです。あらかじめ必要になりそうなパターンの文を準備しておいて、それをコピー&ペーストしましょう。これがメール文を書く作業の「効率化」です。

今現在、まだメール文化が残っています。買い手側がメールを使っている場合は非常に重要なコミュニケーション手段です。成果を目指すなら、メール・チャット・AIなどを使いこなして時間のムダをなくしていきましょう。

先に効率化してから、高付加価値化する

さて、**「仕組み化」には、2つのステップがあります。**それが「効率化」と「高付加価値化」です。ざっくり言うと、作業時間を減らすのが「効率化」、仕事の価値を高めるのが「高付加価値化」です。よく知られている効率化は、「仕組み化」の一つだったわけです。

さらに、本書では仕事の「高付加価値化」を目指します。**これは順番がキモになります。まず効率化、その後に高付加価値化の順で行います。**

効率化はムダなことを切っていったり、フォーマット化したり、自動化していくだけなので、ある程度体系的にできます。そのあと、研鑽が必要な高付加価値化に取り組みます。

高付加価値な仕事ができるようになると、成果につながる「価値ある仕事」に集中できます。人から評価され、「役に立つ」と言われるような自分になります。

それなのに会社からの評価が悪かったら、評価する側に問題があるのかもしれません。

そんなときは、実績をきちんと説明できる形にして、次の仕事を探し始めることも一つの道かもしれません。僕は独立・転職で苦労した経験があるので、あまりお勧めしたいわけで

仕組み化の手順

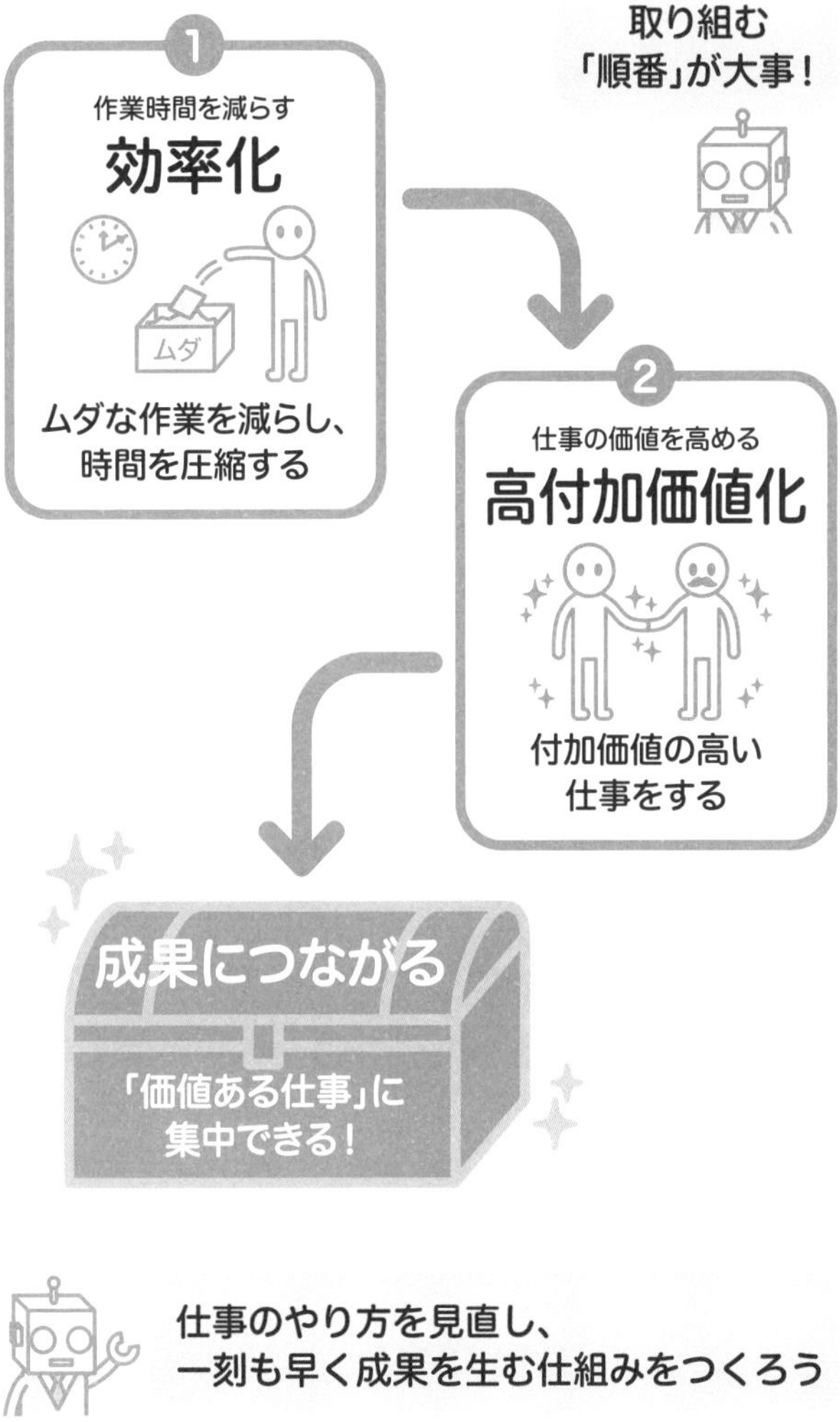

取り組む
「順番」が大事！

1
作業時間を減らす
効率化
ムダ
ムダな作業を減らし、
時間を圧縮する

2
仕事の価値を高める
高付加価値化
付加価値の高い
仕事をする

成果につながる
「価値ある仕事」に
集中できる！

仕事のやり方を見直し、
一刻も早く成果を生む仕組みをつくろう

はないのですが……あなたの苦しい原因が、そうした評価にある場合は、手段の一つになるかもしれません。

自分を責めず、成果が出る環境にしていこう

会社の組織や人事制度といった大きな枠組みについては、コントロールできる場所にいないという方も少なくないと思います。本書も、そこが目的ではありません。

僕が伝えたいのは、辛いときは自責の念に駆られる前に、改めて自分が置かれた組織の仕組みについて考え、今起きていることを冷静に俯瞰すること。そして、**目の前にある、悪い仕組みに囚われていないかを確認し、現状分析をして、自分なりにより良い仕組みをつくるために、可能な限り業務を「仕組み化」していくことです。**必ず成果が出やすくなります。

ではいよいよ、価値ある「仕組み化」についてお話ししていきます。

CHECK!

仕事が効率化され、時間ができると、視野が広がり、気づきが増える！

2章

「毎日、バタバタ」から抜け出せる

「仕組み化」で、ムダが激減し仕事がはかどる！

「仕組み化」で時間が生まれ、仕事がしやすくなる

ボクが仕事をするとき大切にしているのは

カタ カタ

カタ カタ

「最少の資本と最少の人の命の時間で最大の付加価値を創出する」コト

つまり業務を仕組み化して最少の時間で大きな価値を生むのデス

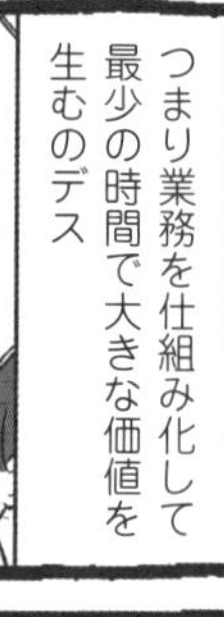

お疲れさまデス

こっちも!!
すごい!! ロボ太くん もう全部終わってる…!!
早っ

新しく生まれた時間でさらに自分の価値を高められマス

ロボ太くん ぜひ本社で経営企画をやってくれないか?

ぜひ君の仕組み化力を…
すごい!!!

これからの時代、求められる人とは？

本章から、成果の出やすい良い仕組みをつくる方法について説明していきます。

はじめに確認しておきましょう。仕事が「仕組み化」できたとしたら、あなたの価値はどうなるのか？ これからの時代の重要な考え方は「最少の人の命の時間と資本で、最大の付加価値を創出する」です。**最少の時間で大きな価値を生み出せる人は、どんな会社でも重宝されます。**

その最少の時間での価値のつくり方が、基本的には「仕組み化」になるわけです。

ですから、その実現に向けて取り組んでいるあなたは、**仕事が最後までなくなることはありません。**そこは安心してください。

作業時間を減らすために

さて、あなたの部署の目的は何でしょう？ **それは今の仕事を「仕組み化」し、究極は「あなたの仕事」をなくすことです。**

難しいことではありません。例えば、それまで日誌形式で記入していた報告書を、チェックボックスへのチェックと短文の入力だけで済む形に変える、これが「仕組み化」です。「仕事1」をシステム化して、「仕事2」を、「仕事3」を……というようにシステム化していく。そういう「仕組み」をつくっていくと、今までかかっていた時間よりも、はるかに短時間で仕事ができます。そのように、どんどん仕事の密度を上げていくのです。

なお、**先ほど仕事をなくすといいましたが、こうした仕事の仕方をしている人の仕事はなくなりませんので安心してください。**

キーエンスは隅々まで「仕組み化」している

僕はかつて、キーエンスという会社に在籍していました。非常に高い営業利益率を誇り、高給です。「その秘密は一体どこにあるのか？」と非常に注目されている企業です。

僕が思うに、キーエンスがあれほど高収益なのは徹底的な「仕組み化」の結果です。

それも、隅から隅まで徹底しているからです。それができるのもまた、新入社員のときから、自分たちの仕事の本質が何なのかを全員が把握できるような教育の「仕組み」がある

今の仕事を「仕組み化」していく

仕組み化は
意外と簡単！

(例)報告書の場合

Before		After
日誌形式でその都度、手書き	→	フォーマット化してパソコン入力

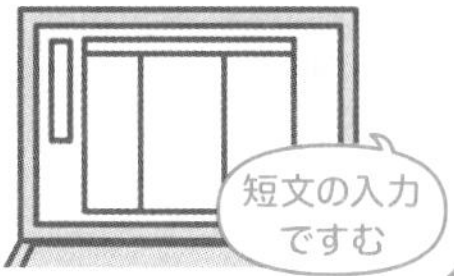

短文の入力ですむ

「文書」は、事前にフォーマットを作成して
「仕組み化」しておくと…

メールの返信	20分	····>	5分で終了！
資料作成	30分	····>	5分で終了！
報告書の作成	30分	····>	10分で終了！

身近な業務から見直そう！

からです。僕がキーエンスで学んだ「仕組み化」のエッセンスも、本書には散りばめています。

外注する前に「仕組み化」しないとまずい

さて、自分の仕事を「仕組み化」し、それを自動化し、ときにはアウトソースすることで、新しい時間がドーンとできます。

なお、「アウトソースなら、やっています」という人もいるかもしれません。ですが、「アウトソースしたら、外注先から問い合わせやミスが殺到して、逆に非効率になってしまった」という経験を持っている人もいることでしょう。

それは、そもそもその業務が「見える化」や「仕組み化」がされておらず不明瞭で、それに伴うムダな作業も含めて外注してしまった可能性があります。

ここでのポイントは、外注の前に業務を見直し、「仕組み化」するのが先、ということです。

コンパクト化させて、慣れていない人でもできる形にした上での仕事のアウトソースは、伝達も簡単ですし、手間暇も減らせます。

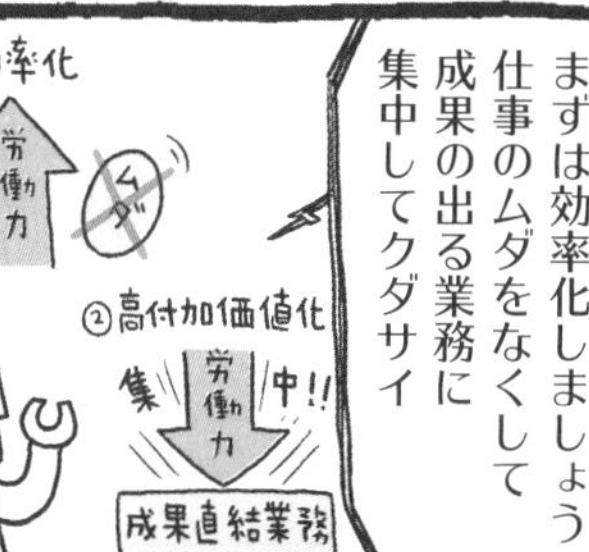

生まれた時間で最重要な仕事をしよう！

仕事を圧縮したらどうするか？　実はここからが重要です。できた時間を営業ならお客様と接する時間といった、**最重要の業務に充てていくのです。**
「仕組み化」すれば、今までやってきた仕事は手を離れます。しかし、あなたの仕事そのものはなくなりません。なぜなら、そんなふうに効率化に長けた人を、管理職や経営層が放っておくはずがないからです。

こうした「仕組み化」をしていけば、あなたは別の仕事を任されるでしょう。そして今よりも何倍も何十倍も、組織単位で見れば、何百倍もの効率を上げる可能性が出てくる。さらには次々と難易度の高い仕事に挑み、成果を上げていくことになります。

たとえ現在は若手メンバーの一人という立場だったとしても、「仕組み化」を意識して仕事を自分なりにシステム化できるようになると、あなたの価値はさらに上がっていきます。そして「他の部署でもやってくれないか」、そしていつしか「本社の経営企画でやってくれないか」というふうに、ステップアップしていく。
「仕組み化」ができるというのは、それほど価値が高いことなのだと覚えておいてください。

仕組み化するとこうなる！

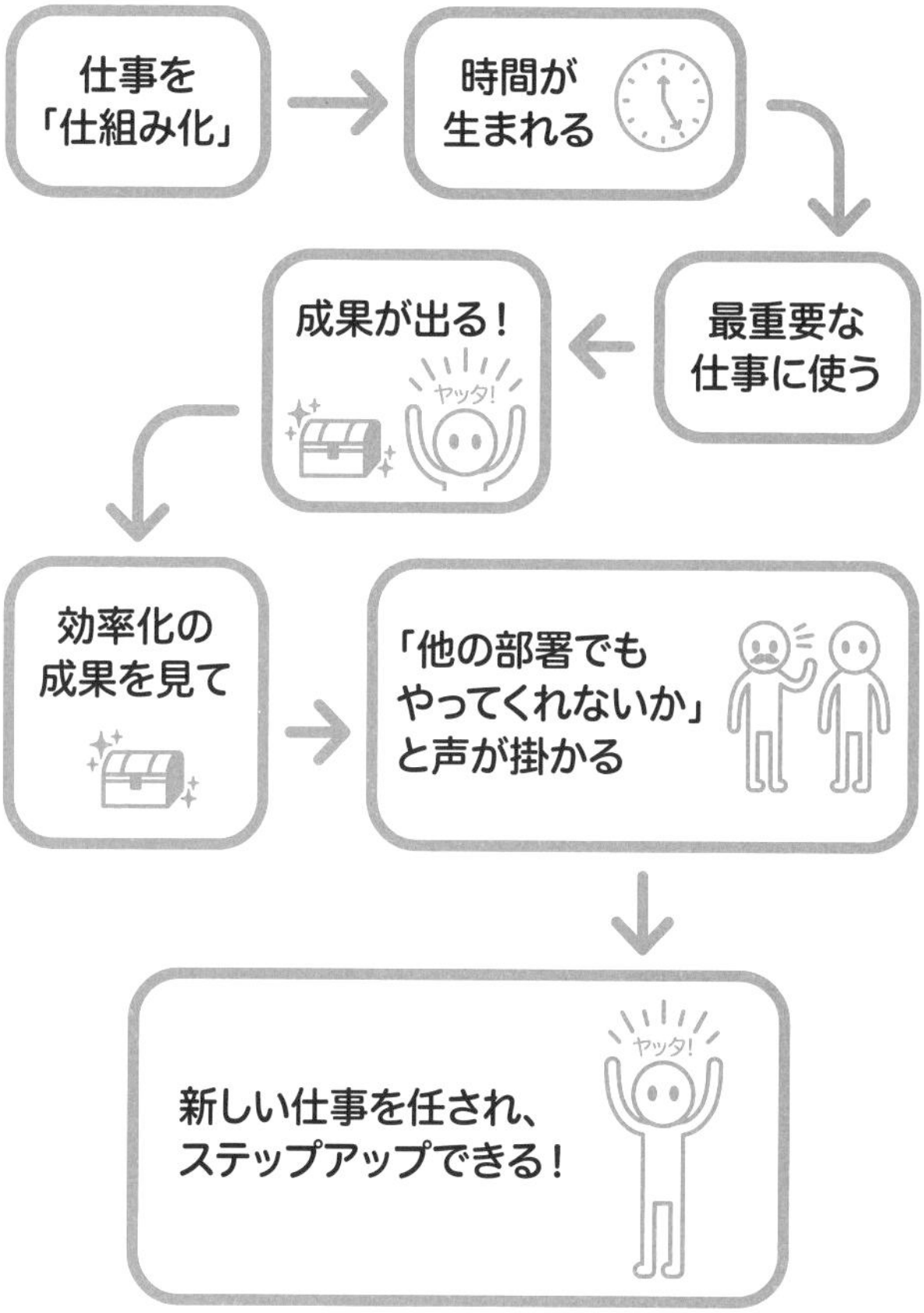

仕事を「仕組み化」

→

時間が生まれる

↓

最重要な仕事に使う

←

成果が出る！

ヤッタ!

↓

効率化の成果を見て

→

「他の部署でもやってくれないか」と声が掛かる

↓

新しい仕事を任され、ステップアップできる！

ヤッタ!

評価され、ステップアップできる

若手社員が「仕組み化」を実践するには

ここまで読んで「そうかもしれない。でも、うまくいくかな?」と疑問を持った読者もいるでしょう。

特に、若手社員は、こう思ったのではないでしょうか。

「仮に自分が『仕組み』をつくったとする。そして上司に提案する……いやいや、無理! 言い出せる雰囲気ではないし、上司も絶対聞いてくれない。生意気だと思われるかもしれない」と。

確かに世の中には「無理」はあります。若手社員が提案をしたところで、すぐそれが部署全体で実現するようなことはありません。

それには、いくつか理由があります。まず、提案自体が未熟な場合。上司から見て、提案に対する例外となる事象の発生が多く予期される場合、部署に横展開などできません。また一定程度、良い提案だとしても、実績がまだない状態だと、良い提案だと思っていたとしても、上司もなかなか動けないのです。

そんなときには、改めて「潔く諦め」て、自分が成果を出しましょう。

実際、僕のコンサルティングセールス研修を受けてくれた3年目の営業の人は、研修を受け始めた2カ月後ぐらいで売れるようになり、その売れる方法を上司に提案したところ、それが営業所内で横展開ができ、月1000万円以上の売上貢献をしていました。

あなたももし自分がプロだと思っていることがあったとして、初心者で実績のない人に、あれこれ言われたとき耳を貸すでしょうか？　貸さないですよね？　そんなときは、潔くあなたが成果を出すことを真っ先にしましょう。

「3カ月時間をください！」作戦が効く！

では、どうすべきか？　あなたが実績を出すしかない。何もないところから、です。

若手社員の提案には、「本当に成果が出る」という証明ができていないものや、短期で見ると可能性はあっても、中長期で見るとうまくいかないものが多いのです。経験も浅いので、それは致し方ありません。

その代わり、仮説がきっちりと整っていれば、提案することはもちろん「あり」です。でも、かなり頑張ったとしても、いわゆる「総論賛成、各論反対」になってしまうような、弱いアイデアと見られがちなのは否めません。

ではどうしたらいいいか？　**提案する際には、「3カ月、時間をください。自分がやってみます」と言って上司の了解をもらい、その案を実践してみるのです。**

あなたは3カ月の間に、自分の提案した「仕組み」によって仕事を効率化し、本当に実績が上がったとします。するとどうなるか？　周囲の目が変わってきます。

「定時で帰っているのに、なんでそんなに仕事がこなせるの？」「一緒の時間働いているはずなのに、なぜ彼だけ成績がいいのか？」などというふうに。**このときが、企画を通しに行くタイミングです。**まずは自分だけやらせてもらう、という小さな穴をあけ、実績を上げることで徐々に広げて、それを大きくしていく。ぜひこのことを参考にしてみてください。

仕事を仕組み化し、実績を上げれば、評価が一変する

成果が出る「仕組み」をつくろう

〝仕組み〟が私たちの行動をつくります

ドアノブを見たらひねろうとする

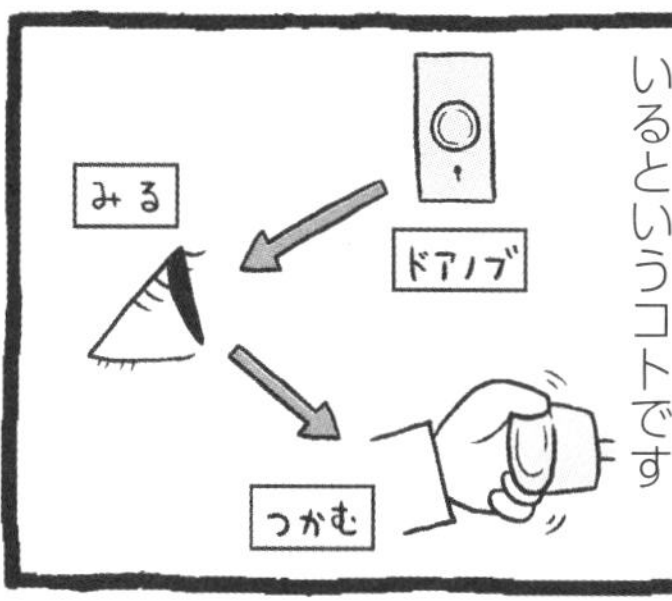

つまり私たちは「仕組み」に動かされているというコトです
ドアノブ
みる
つかむ

日々無意識に動かされている「仕組み」が……

ムダだったり不便で使いにくかったりしないかを点検することが大事です
ズラ〜〜
お待たせしました
クライアント
ゼェ

ドアも仕組みの一つ

かつて僕が働いていたキーエンスから学んだ仕事の秘訣は、日本でベストともいえる付加価値のつくりかた、差別化の徹底、業務効率化だと思います。

そして、その秘訣は「構造」だ、という話をよくしています（本書は「仕組み」の本ですので、以下「仕組み」と置き換えていきます）。

本書では、仕組みの重要性を繰り返し述べてきましたが、なかなか実感しにくいところなので、例を挙げてお話ししておきます。

仕組みがあなたの行動を決めています。これは、決して難しい話ではありません。決して難しい話ではないのですが、ほぼ無意識のため、今から意識してほしいのです。

例えば、あなたは、ドアをどうやって開けるでしょうか？　丸いドアノブが付いていればひねってみるでしょう。僕らは、ドアを自分で「開けている」と思っています。

でも、もしそのドアが最初から開いていたり、そもそもそこにドアがなかったりしたら……当然何もしません。

「当たり前じゃないか！」と思うかもしれませんが、ここに気づいてほしいのです。それは、〝僕たちの行動のスイッチは何か？〟ということです。

ドアを開けるときの、僕たちの行動のスイッチは、僕たちのマインドとか知識でしょうか？　それともドアという仕組みでしょうか？

そう、ドアという「仕組み」が、僕たちに「開ける」というアクションを取らせています。つまり僕たちは、「開けさせられている」という受け身なのです。これが「仕組み」によって動かされているということです。

仕組みによって動かされる。そして、僕たちは動きによって、成果をつくる。では、成果を上げるための行動を「仕組み」がつくってくれれば……つまり、はじめから成果の出る「仕組み」をつくっておけば、無理なくその構造に従って成果を出すことができるのです。

この難解そうな仕組みづくり（会社や組織レベル）についての話は、拙著、『構造が成果を創る』（中央経済社）で書きました。興味がある方はそちらの本も手に取ってみてください。

仕事の目的を正しく捉える

なかなか評価されず悩んでいる場合、仕事の目的を取り違えている場合も多いのです。

たとえば、経理の仕事を「ミスなくスピーディーに計算する」とだけ思っているとうまくいきません。

もちろんそれも大事なんですが、本来、経理の仕事の目的は「財務情報の正確性と透明性の確保」です。

経理部は、企業全体の財務情報を正確に管理し、その情報を利害関係者に明確かつ透明に提供する役割がある。財務帳

仕事の目的を考えよう

「経理の仕事」の場合

経理

- 財務情報の正確性と透明性の確保
- コスト管理と効率化
- 財務リスクの管理
- 戦略的意思決定への貢献

求められる役割は大きい。
幅広い視野で捉え、「仕組み化」していく必要がある

票の作成と監査、税務申告はこの責任の一部です。

ほかにも、コスト管理と効率化。財務リスクの管理。そして実はかなり大きいのは、戦略的意思決定への貢献。

財務データを用いて経営陣が戦略的な意思決定を行えるようにすることも、経理部の役割の一つです。例えば、新たな投資の可否、M＆Aの実行の可能性、資金調達の方法など。

こうした、本来の目的をしっかり見据えておかないと、間違った仕組みづくりに精を出しかねません。これは全ての仕事に共通することです。仕事の目的を正しく認識した上で仕組みをつくっていく必要があります。

CHECK!

仕事の目的を正しく見極め、仕組みをつくっていこう

3

「仕事の目的」を考えよう

毎日　何十件　ときには
何百件も電話してるのに
全然評価されない
なんて…
もうこれ以上ムリ…

…鈴木クンは何のために
電話してるか
わかってマスカ？
えっだって
仕事だから
本来の目的は電話をかけ
ることじゃありません

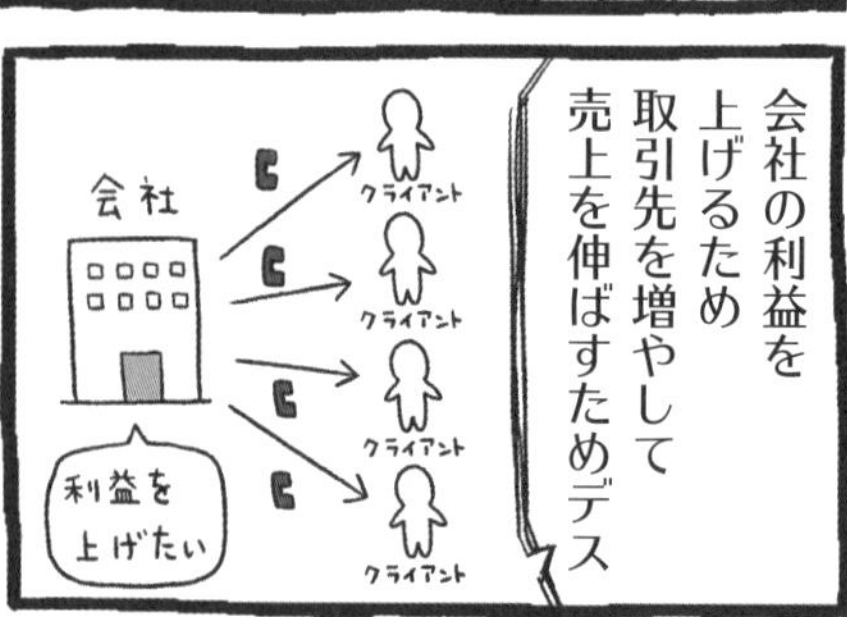
会社の利益を
上げるため
取引先を増やして
売上を伸ばすためデス
会社
利益を
上げたい
クライアント
クライアント
クライアント
クライアント

確かにそうだった！
いつものトークを見直し
て成功率を上げなくちゃ
考えてる
考えてる♪
カタ
カタ

「仕事の仕組み」を知っておく

仕事がわかってくる、とは、どういうことでしょうか？

例えば、あなたが中小企業の営業職で、業種は卸売、商社としてみましょう。

市場に対して会社は「価値」を提供して、対価としての「売上」を得る。売上が入ってきたら、「売上」引く「コスト」が利益（粗利益）。これらが売上目標、コスト削減目標、利益目標として落とし込まれて、さらに部署ごとの目標として落ちてくる。

会社の「仕事の仕組み」は、こんなにシンプルです。

ですから、たとえ電話件数、訪問件数等々の数を重ねて、「自分はこんなに頑張ってる！」と思っても、お客様が求める価値を提供できているわけではありません。

もちろん、「件数を多く頑張った」は、ねぎらわれるべきです。しかし経営者目線、会社目線でいえば、増やしたいのは売上であり利益です。

「なんだ、売上至上主義か」と思うかもしれません。いやいや、違います。**一番重要なのは**

価値です。いかにお客様への価値提供を増やし、売上を増やせるかということです。

しかし、各部署での目標設定になると、どんな形になるか。例えば、電話件数、電話時間、訪問件数、提案件数、見積もり件数、見積もり額……といった形で現場に落ちてくる。僕たちが見慣れているものですね。

ただ、これはあくまでも、「現場の社員にはこれらを目指してもらえばうまくいくんじゃないか」という、経営陣の考えを基にした指標なんだ、ということを考慮しなければなりません。

もしそうした構造がイメージできれば、現場の社員であるあなたが「何のためにしているのか」「何をするべきなのか」がわかります。

価値を高めたら売上が上がる、売上を高めるなら見積もり額を増やさなければならない。見積もり額を増やすためには見積もり件数を増やさなければならない。そのためには提案件数が……という感じで、**「目標設定は、本来は粗利益目標から逆算するんだな」ということ**

価値と売上の関係

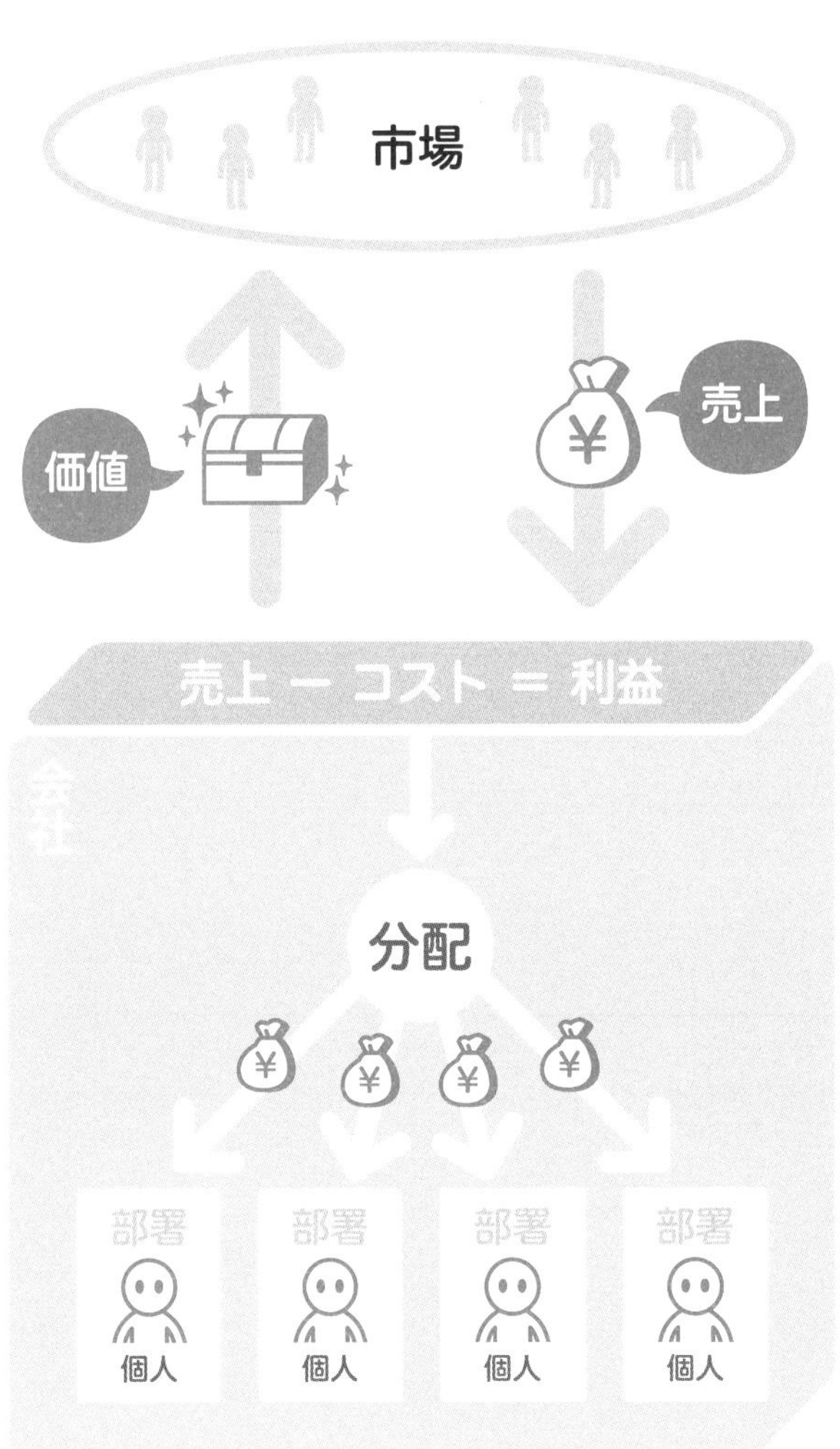

が理解できます。

仕事がわかれば……上司に言われなくとも成果はわかる！

でもその「仕組み」がわかっていないと、ただ「上から言われたこと」として、「また今日、こんないっぱい電話するわけ？」となる。そして先ほど述べた、「こんなに件数、頑張りました」という状態で止まってしまうのです。

どの部署においても仕事の目的は「最少の時間で、最大の売上や利益を得ること」です。そしてその「仕組み」がわかっていると、上司が指示しなくても成果とは何かがわかるのです。「成果って何ですか？」と問われたら、「営業であれば利益です」と即答できます。

「利益」というのは言い換えれば、「お客様に役立ったということをたくさん積み上げた結果」です。

よく利益を得ることは良くないことのように捉える人もいますが、それは**「仕事の目的」＝「お客様の役に立つことを提供すること」**をわかっていない人の考え方です。こういった

目標設定の仕方

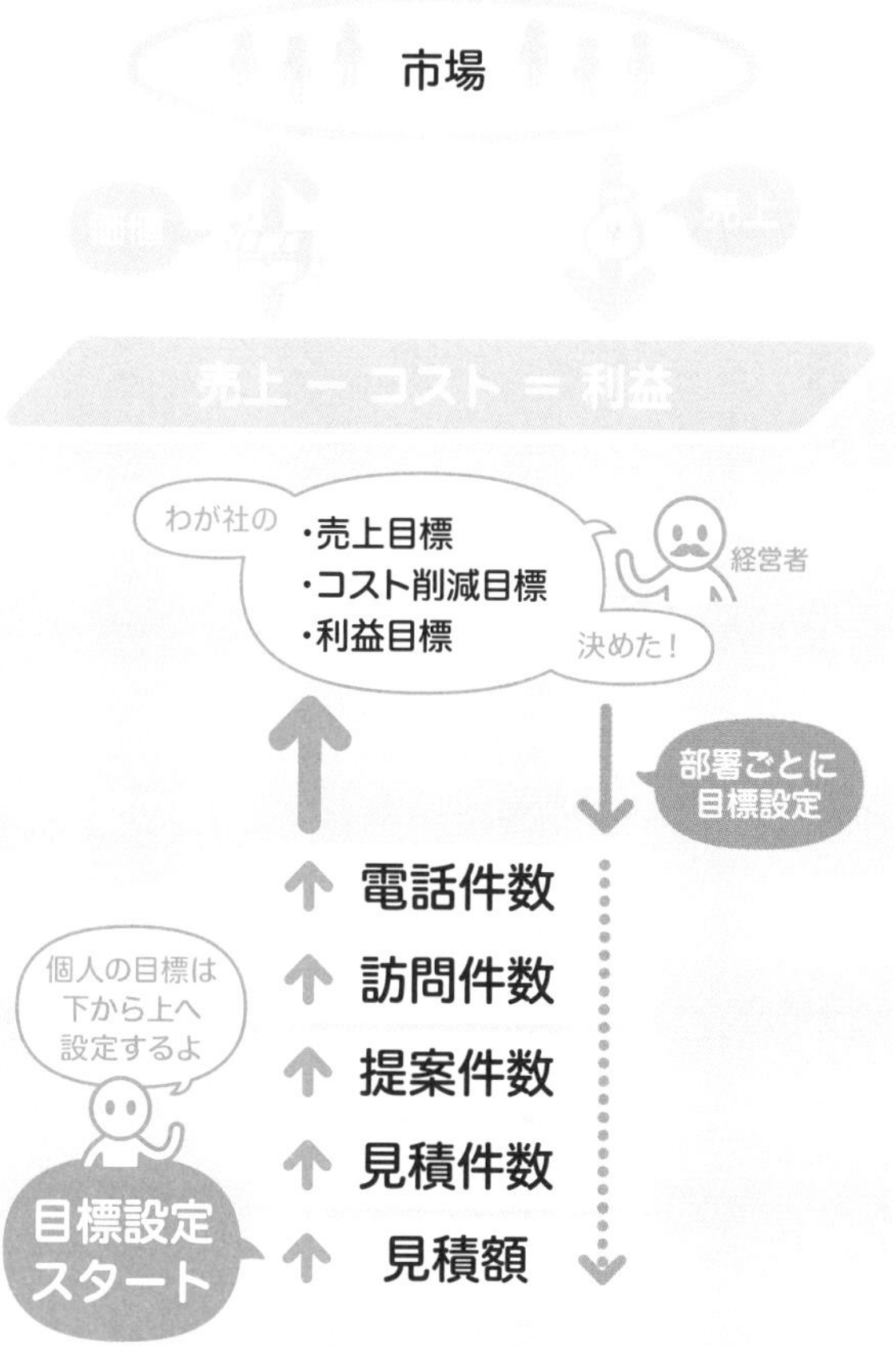

市場

売上 − コスト ＝ 利益

わが社の
・売上目標
・コスト削減目標
・利益目標
決めた！

経営者

部署ごとに
目標設定

電話件数

訪問件数

提案件数

見積件数

見積額

個人の目標は
下から上へ
設定するよ

目標設定
スタート

目標設定するときは、この構図を念頭に置いて行うとブレない

方は、自分目線のコストベースの考え方に陥ってしまいます。結果、その考え方の人は、お客様に役立つことを提供できず、値引きを迫られ、結局、成果を出すことができません。**お客様に喜ばれながら、成果（利益）を出す。それが目的だと改めて認識し直してください。**

まず仕事とは何かを知りましょう

仕事とは何かといえば、すべては社会、人の世に対する貢献から始まります。

そもそも会社があるのは「社員の生活を守るため」でも、「社員に給料を払うため」でもありません。会社の存在意義は唯一、「生活者の生活をより良くするため」にあります。どんな業種であっても、まわりまわって最終的には生活者一人ひとりに寄り添い、世の中を良くするために会社はあります。これが経済原則です。

「經世濟民（けいせいさいみん）」これが「経済」の語源です。世を經（おさめ）民を濟（すくう）、そのために経済というものがある。そこに資本が相まって、現代では経済資本主義という形になっていますが、経済活動を考えたとき、人の集まり、つまり社会に対して、いかに価値貢献するかというのが会社の意義です。

「お客様を幸せにする → 幸せにした分、会社に収益が入ってくる → その収益の一部が給与として配分される」これが正しい順番です。

全ては社会、人の世に対する貢献から始まります。

言い換えれば、付加価値を与えて、価値の対価として収益を得て、その収益の配分が自分にくる。この形を理解していきましょう。この形が理解できていれば、なぜ会社が方向転換したのかもわかり、組織についていけますし、もしその組織がなくなったとしても、新たな仕事を見つけることはたやすいでしょう。

お客様を幸せにした分が収益になり、社員の「給料」になっている

4 「仕組み化ポイント」は2つある

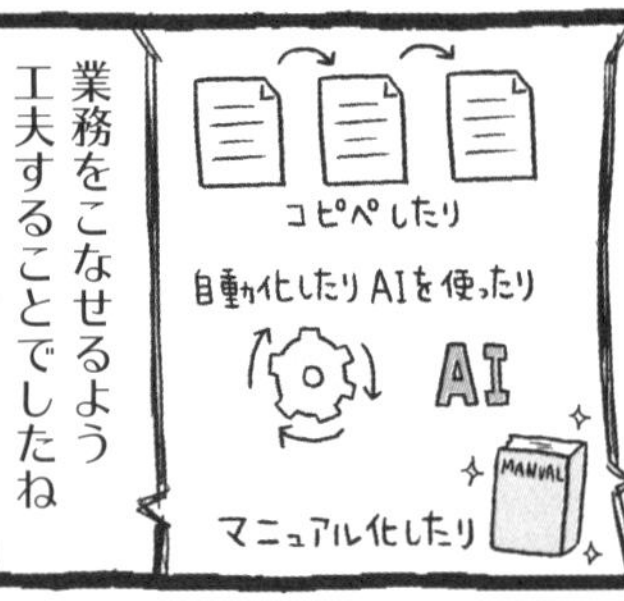

「仕組み化」の効果は計り知れない！

お客様に価値を提供することで、売上を得るという仕組みがわかったところで、いよいよ「仕組み化」の説明に移ります。

「仕組み化」のポイントは2つです。それが効率化と高付加価値化です。

具体的なやり方は次章から詳しくお話ししていきます。

最初のうちは、「仕組み化」するなんて面倒だなと思うかもしれませんが、その効果は計り知れません。

例えば、アポイントを取るためのメールのフォーマット作成に、僕は30分〜1時間かけています。実例を87ページに載せました。

それを一社ごとにアレンジして新商品のテストマーケティングをするために20社ぐらいに送付したところ、15社のアポイントが取れました。もちろん既存クライアントへの送付だったので、確率が異常に高いのは否めません。とはいえテストマーケティング的には十分だったので、そこで止めましたが、これが本格販売のタイミングだったなら、あと100通送って、50アポでも取っていたかもしれません。

ちなみに、この例で僕が15アポを取るためにかけた時間は、2時間くらいです。「仕組み化」すると、こんなふうに「仕事がラク」になります。

さらに、「いきなりメールを送ったら失礼な相手」には電話をかけて、メールの内容をトークスクリプトの代わりにして、見ながら話せばいいのです。

一つひとつは、小さなことかもしれません。しかし、その積み重ねは決して侮れない。そこは改めて強調しておきます。

昇進しても「仕組み化」していればラク

「仕組み化」ができていると、自分がリーダーになったときにラクです。

研修でお話しする際には「リーダーの方はどんどんトークスクリプト化、提案書、会社紹介、テレアポ時のトークなどの『仕組み化』を進めていきましょう。そして若手のみなさん

実例メール

宛先：株式会社●● ○○様

Cc：

件名：【新システムの企画】ヒアリングのお伺い

株式会社●● ○○様

一点ご依頼事項がございましてご連絡いたしました。

実は、弊社の新たな商品として、
大きな組織であっても短期的に成果が出る状態を創り、
中長期の成果を出し続けられるようにすることが目的の新商品を企画しております。

動画×システム×コンサルティングセールス×マーケティングを
掛け合わせ、会社全体の付加価値（成果）を向上
させていくための新企画です。
※厚生労働省助成金も活用し、導入にかかるコストも軽減する予定です。

恐れ入りますが、本件について、
一度ヒアリングのお時間をいただけませんでしょうか。

従来の組織問題である
・セールス、マーケティングが忙しく、育成の時間がない
・スキル向上はさせたいが人数が多く同時に集めることができない
・定着には何度も実践させることが必要
・育成内容が複雑かつ長期間・長時間かかる
・徹底の仕組みをつくりたい
といった問題を解決することが狙いです。

既に何社かにトライアルとしてご提供を開始しており、
成果が上がってきておりますが、さらに課題感・ニーズをお聴きし、
より価値を提供できるような商品にしていきたいと考えております。

お忙しいなか恐縮ではございますが、
ヒアリングのお時間をいただくことは可能でしょうか。

は、それを全力で支援してください」と。

「仕組み化」され、みんながある一定以上の仕事ができる状態で、リーダーになったら、マネジメントはかなりラクです。**チームを率いて「利益を上げていく」という本来の仕事に集中できます。**

メンバーが全員、付加価値に向かう仕組みになっている。「仕事の効率化」のルールをわかっている。メールや提案書のフォーマットが「仕組み化」されていて仕事の目的が共有されている……。

その状態で管理職に昇進するとなると、自分自身がメンバーの一人として今まで成果を出してきたのであれば、それほどの苦労はないはずです。

効率化と高付加価値化を仕組み化すれば、リーダーになったときも楽!

5 効果大！真っ先にやりたい「3つの仕組み化」

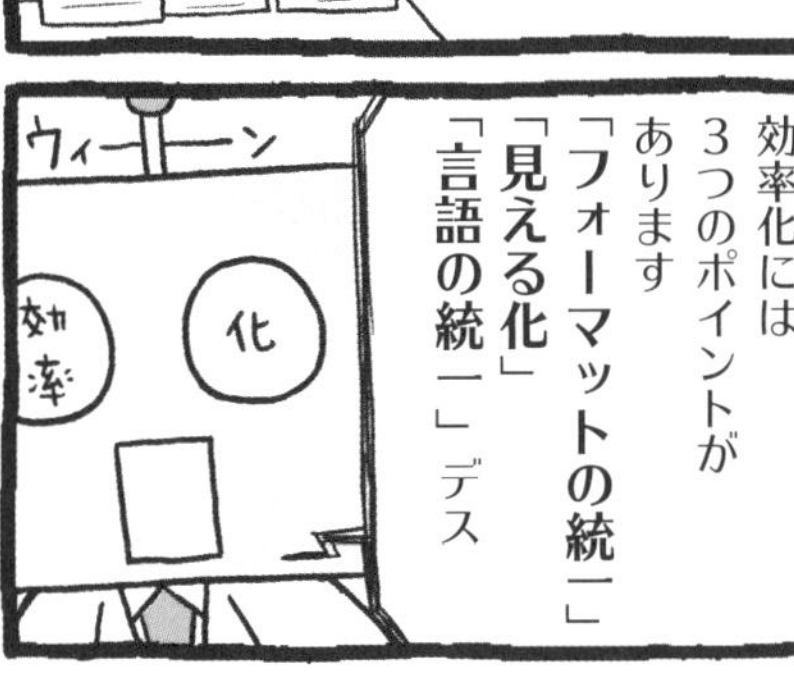

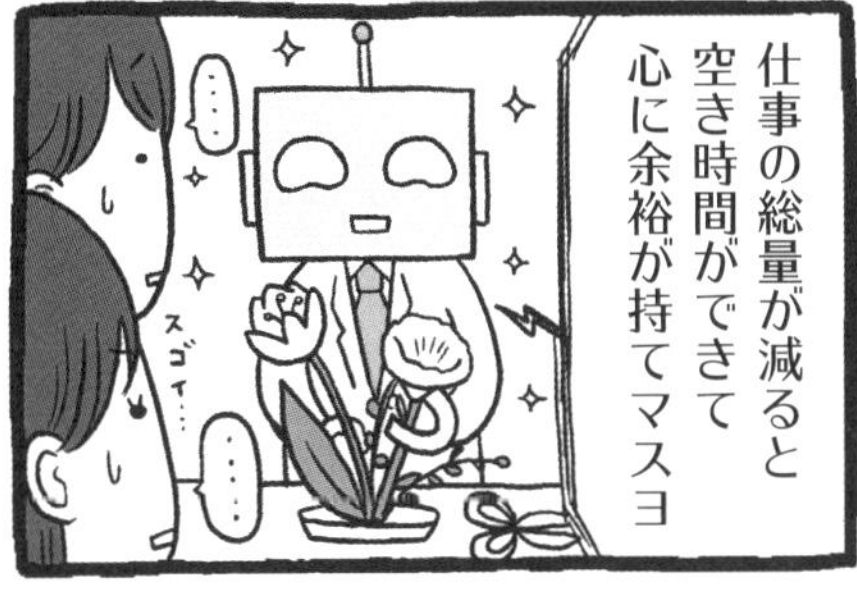

非常に効果的な3つの方法

さて、**効率化するために、有効な仕組み化の方法は3つあります。それが、「フォーマットの統一」「見える化」「言葉の統一」です。**では、順を追って説明していきます。

まずは「フォーマットの統一」です。会社の中にフォーマットは、非常にたくさんありませんか？　雇用契約書一つでも、たくさんのフォーマットを持っている会社があります。

経理のフォーマットを一つに統一するだけで、情報伝達は非常に早くなります。フォーマットを統一することで入力がコピー＆ペーストでできるようになるので、さらに効率化できます。統一するまでに時間がかかるかもしれませんが、それを使う人全員の作業を効率化できるので効果は絶大です。

もしフォーマットがなければ、今すぐ作り始めましょう。思い当たるものが多くて、どれから作ればいいかわからない場合は、**いったんリストを作って「見える化」し、使用頻度が多い順から、並べ替え、上司に提案するなどして周囲と手分けしてフォーマットを作るほうが効率的です。**それはあなたが今すぐ手をつけられることの一つです。

仕組み化の順序は？

〈効率化のやり方〉

1	フォーマットの統一	文書やメール文、資料などの定型フォームを作成する
2	見える化	・顧客先のリスト化（アポ先、訪問先など） ・1日の業務内容を「数値」で振り返る
3	言葉の統一	・部署内で言葉の意味を統一する (例)「売上」「商品の価値」「利点」「機能」「特徴」「ニーズ」「顕在ニーズ」「潜在ニーズ」など ・結果を語るときに数値化する

このように仕事のムダをなくしてから、高付加価値化する

効率化❶ フォーマットの統一

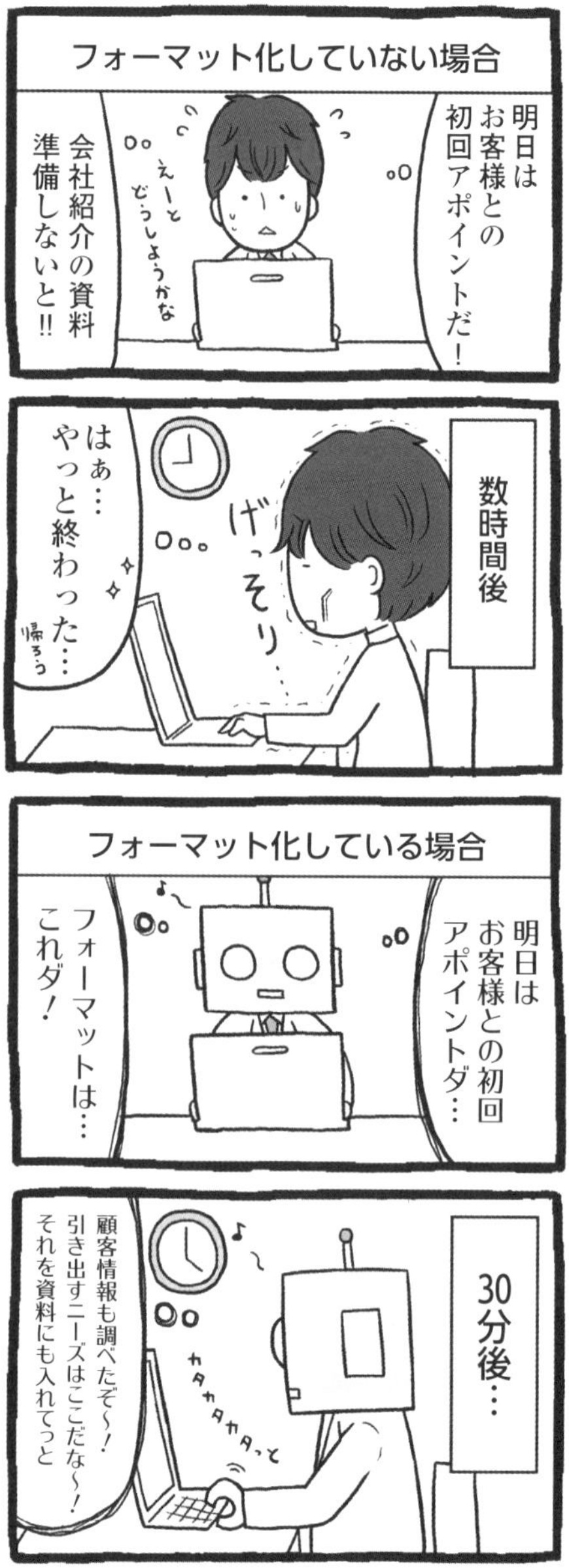

フォーマット化していない場合

明日はお客様との初回アポイントだ！

えーとどうしようかな

会社紹介の資料準備しないと!!

必要性を見極めてから作成しよう

フォーマット化の力は絶大です。電話対応、書類の形式、メールの返信と、あらゆるところから手をつけていくことができます。では具体的にどのようなものか、僕たちの会社の例で、その効果をお話ししましょう。

営業職の方なら経験があると思いますが、顧客との初回のアポイントのときは、かなりの時間をかけて準備しますよね。

しかし僕の会社の場合、標準的な準備なら30分もあればできます。その理由は、会社紹介資料や標準提案書がフォーマット化されているからです。枚数で言えば、２つ合わせて１００ページを超えます。

「そんなに渡しても見られないでしょう！」と思いますよね。その通りです。先方に渡すのは、その１００ページの中から、**相手のニーズに合いそうなページだけを抽出して渡すのです。**

会社紹介や提案書のフォーマットをつくるときのコツがあります。それは、ちゃんと膨大に作ることです。

「え？……ムダが多くない？」

と思うかもしれませんが、少ない量の会社紹介や提案書は足りないものが多く、そして顧客ターゲットに合わなければすぐに使われなくなるのです。

では、膨大に作成した資料はどうするのか？　**相手のニーズに合わせて、相手が興味を持ちそうなところだけ残して、読んだり、無駄なページは消して渡したりします。**

資料をフォーマットにするときのおすすめは、**絞った足りない資料を作るより、ページを消したらＯＫな膨大な資料を作ること。**

資料に**継ぎ足すのは難しいが、引く（消す）のは簡単**なのです。

ここまで読んで、「そうか、あれをフォーマット化すればいいのか」と思い当たった人もいれば、「たしかに便利そうだが、どんなものからすべきか、優先順位がわからない」と思った読者もいることでしょう。

その判断基準となるのは、その作業が月間や年間に何回発生するか、ということです。何をフォーマット化するかを決めるには、先に見える化をする必要がある場合もあります。安易にフォーマット化する前に、必要かどうかを見極めておきましょう。

営業上、おすすめしたいフォーマット化は会社紹介資料と、標準提案書、パンフレット、チラシです。よく見せますからね。

〈メールフォーマット例①〉「会社の生産性UPについて」のメール

97ページでは、顧客に送信する営業メールのフォーマット化の例を掲載しています。このフォーマットを参考に、具体的な内容やデータを入れてカスタマイズしてください。

ポイントは、「ヒアリングのお時間をいただけませんでしょうか」で終わらないところです。

「いやいや」と否定し、「実は～というお声もいただいております」と価値実績を示し、「私としても～きっとお役に立てると考えておりますので」と自分の価値観を伝えた上で、「ヒアリングのお時間いただくことは可能でしょうか」と、再度お願いしているところです。

このフォーマットには、2つのメリットがあります。まず、高確率でアポイントが取れるということです。

次に、相手に嫌な印象を与えないということです。ですから断わられる場合も「今は、検討のタイミングではないので、ごめんなさいね」といった丁寧なメールが返信されてくるはずです。

顧客を思い浮かべながら、「話題、価値、ヒアリング、否定、価値・実績、自分の価値観」を少しずつ変えていけばいい。これでかなりの時間を短縮できるのです。

顧客に送信する営業メールのフォーマット化の例

宛先：株式会社●● ○○様

Cc：

件名：【新サービスヒアリングのお伺い】会社の生産性UPについて

株式会社●● ○○様

平素は大変お世話になっております。

実はこのたび、○○の新たなサービスとして、いつもは見えにくい社員様の働き方が見えるようになり、ムダな作業が減り、会社の生産性が上がり、働きやすくでき、残業代が減るようなサービスを始めました。 **話題**

皆様の働き方で、ムダ（同じ作業をいろいろな場所でやっている）になっていることを自動で探し出し、改善を自動で示唆してくれる○○が開発した新しいサービスです。
恐れ入りますが、本件について、一度○○様より、ヒアリングのお時間をいただけませんでしょうか。 **価値**

いやいや……いろいろ話を聞いたりしているけど、そういうのって難しいよね！というご意見をいただくのですが、 **否定**

実は、既に○○社にご提供し、「残業時間が平均○時間／人、○時間／社が減ったよ」というお声もいただいております。 **価値・実績**

私としてもこちらは○○様にお伝えすれば、きっとお役に立てると考えておりますので、課題感・ニーズをお聞きしたいと考えております。 **自分の価値観**

お忙しいなか恐縮ではございますが○○様より、ヒアリングのお時間をいただくことは可能でしょうか。

このフォーマットを参考に、具体的な内容やデータを入れてカスタマイズしよう

〈メールフォーマット例②〉

先ほどのメールフォーマットですが、**ChatGPTの活用でアレンジが容易になります。**

ChatGPTには、次のプロンプト（指示）を入力しました。

「下記は、お客様へのアポ取りのメールです。下記のフォーマットと同じフォーマットで、勤怠管理システムについてのアポイントメールを作りたい。機能などは仮説でいいので、作ってみてください」＋（先ほどの「会社の生産性UPについて」のメール文面のコピペ）

この結果、左ページのような回答を得ました。1つ作れば、コピペでどんどんアレンジできます。生成系AIも活用し、ぜひさらなる効率化を目指してください。

Chat GPTが生成したフォーマットメール

宛先：株式会社●● ○○様

Cc：

件名：【新システムヒアリングのお伺い】勤怠管理の最適化について

株式会社●● ○○様

平素は大変お世話になっております。

実はこのたび、〇〇の新たなシステムとして、社員様の出勤・退勤、休憩時間、休日などの勤怠情報を一元管理し、ムダな手間を省き、正確な勤怠管理を実現し、給与計算のミスを減らすようなシステムを導入しました。

皆様の勤怠情報をリアルタイムで把握し、ムダ（手動での入力や修正）を自動で最小化し、〇〇が開発した新しいシステムです。
恐れ入りますが、本件について、一度○○様より、ヒアリングのお時間をいただけませんでしょうか。

いやいや、いろいろなシステムを試したけど、そういうのって難しいよね！ というご意見をいただくのですが、
実は、既に〇〇社に導入し、「給与計算のミスが平均○% 減、勤怠管理の手間が○時間 / 月が減った」というお声もいただいております。

私としてもこちらは○○様にお伝えすれば、きっとお役に立てると考えておりますので、課題感・ニーズをお聞きしたいと考えております。

お忙しいなか、恐縮ではございますが、○○様より、ヒアリングのお時間をいただくことは可能でしょうか。

1つ作れば、コピペでアレンジできる！
生成系 AI も活用し、
さらなる効率化を目指そう

効率化②
見える化

〝リスト化〟していない人
はぁ〜
とりあえず
順番に電話しよ…
ズラー…
はぁ…

あ　もしもし…
あ　かしこまり
ました〜
あ
もしもし
はじめまして
もしもし
はじめまして
もしもし
少しお時間
もしもし…
ひたすら順番にかける

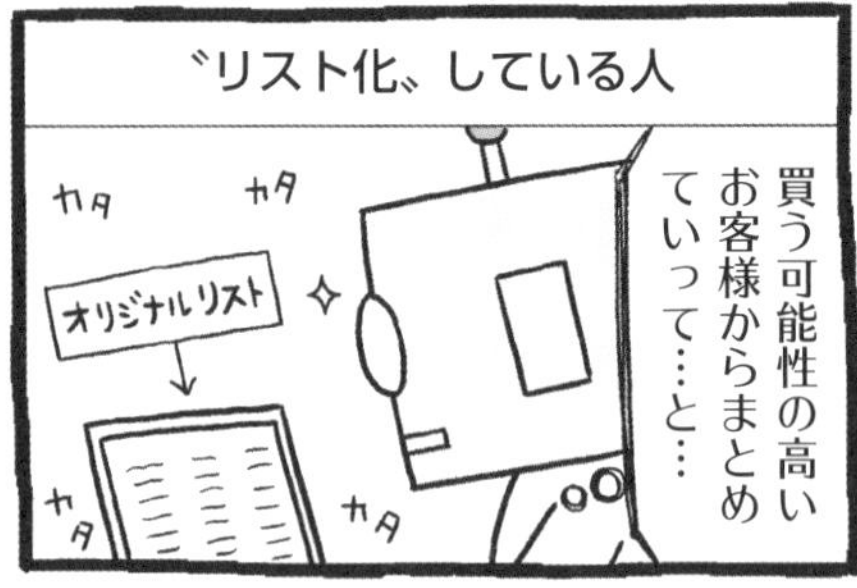
〝リスト化〟している人
買う可能性の高い
お客様からまとめ
ていって…と…
カタ
カタ
オリジナルリスト
カタ
カタ

御社の○○の課題について
××という成果事例が
出ておりまして
はい　ありがとうございます
ではお打ち合わせの日程を〜
えーっと
次は――…

リスト化しておき、着手しやすくする

オフィスの壁などに達成件数、営業成績が貼られているなら、それはまさに「見える化」です。**営業職の「見える化」で、まずやるべきなのは「リスト化」です。**例えば、テレアポのリストを作って、どのお客様からかけていくか明確にしておきます。

成果を上げられる人は、それによって、5分時間が空いたとき、さっと電話をかけたり、メッセージを送ったりすることができます。このブレイクタイムの利用が、お客様との接点を増やすのです。

一方、成果が上がらない人は、このリストを作らない、あるいは、作ることができないのです。なぜかといえば、お客様の困りごとといったことを想定できていないからです。そのために、膨大な顧客リストの前で途方に暮れてしまうことになります。

以前、ある会社の社員様と話したときに、次のような会話をしたのを覚えています。

営業「ターゲットに会えなくて……」

田尻「ん……社員が同じような仕事をしていて、ムダだなって思って、イライラしていそうな経営者さんの名刺って何枚あります？」

営業「それはいっぱいあります」

田尻「それがターゲットです（笑）」

繰り返しになりますが、営業パーソンが成果を上げる第一歩は、買う可能性ができるだけ高いお客様に接触することです。ですから、**自分なりに仮説を立てて、優先順位を決めたお客様のリストを携えていて、空いた時間に常に電話をできる状態にしておく。**これが一番成果が上がる状況です。

効率化③ 言葉の統一

数値化できていない人
最近調子はどうだね
順調です！今100万円売れてます
先月は？
80万です

それは全体から見てすごいのか？
みんなよりは上です
平均値はいくらなんだね
えーっと90万円です
……はぁ？

数値化できている人
最近調子はどうだね
最近は調子いいデス
先月は粗利100万円で平均程度だったのですが今月は既に150万円を超えていて部署の平均も100万円ですのでランキングも部署で3位に入れています来月の粗利も…デス

素晴らしい！頑張りたまえ

数字で語る習慣を持とう

実は、「仕組み化」の中で効果が大きいのが「言葉」です。

ビジネスで頻出する言葉は、人によって定義が違っていたりもします。「売上」「商品の価値」「利点」「機能」「特徴」「ニーズ」……といった言葉の数々は、本来は、営業部といったセクション内で定義をきっちりと決め、共有していったほうがいいものです。これが「言葉の統一」です。

ただ、これはマネジメント側の仕事なので、**ここでは読者に身近な話をしていきましょう。**

その一つが「数字で語る」ことです。

当社が主催する研修では、必ず「再現性を高める振り返り」を行います。あなたの通常の業務でも、1日の終わり、1つのプロジェクト終了に伴って、内容を振り返ることと思います。これは、「やったことの結果」の見える化です。

再現性を高める振り返りは、「意図、工夫、結果、価値、なぜ、制限」を語る場です。どんな意図で取り組もうとして、どんなことを行い、どんな結果になっているか、どれだけの価値を生み出し、それらを再現するにはどうしたらいいのか？　多くの場合これを積み重ねていくことが、仕事の積み重ねです。

その中の**結果を語るときに必要となるのが、「数値化、変化、基準値」です。**この3つを整えないと、振り返りになりません。

まず、なぜ数値かといえば、全員の共通認識が得られるからです。たとえ国や文化が異なっても、1は1ですし、100万円は100万円です。ブレることはありません。

「数字で語る」は、お客様にインパクトを伝えるのにも役立ちます。営業トークで「御社と同じ属性のお客様が、私たちの商品を購入し、こんな状態（数値）からこんな状態（数値）になりました」というふうに、「数値、変化、基準値」を意識して語ると、より伝わりやすいのです。

この3つの仕組み化は、真っ先に取り組もう

トレーニング！

数値で語る

日本のビジネスパーソンの多くは、「数値で語る」が苦手です。現場の数値が何を意味するか、理解していないことが多いのです。

例えば、作業工程の「仕組み化」で、時間が1日30分削減できたとします。そのまま伝えるだけだと「そうなの、30分削減できたんだ」で終わる可能性大です。でも、こうプレゼンしたらどうでしょう。

「私はこの『仕組み化』によって、1日30分の作業工程の削減を達成しました。それでいて作業の質も落ちないですし、対応件数も落ちません。これを継続すると、**年間240日の稼働日で、120時間削減できることになります。当部署のメンバーは20名ですので、年間で2400時間削減できます。**つまり、従業員1人分の作業時間を創出できます。これを展開したいのですが、いかがでしょうか？」

「ぜひやってみてほしい」と言われますよね。

この説明のいいところは、数値が語ってくれるので、「頑張りました」のアピールが必要ないことです。数値を上手に言語化する術を、身に付けましょう。

では、早速トレーニングしてみましょう。数値化の説明として、僕がよく使う例です。一緒に考えてみてください。

設問

あなたの契約率が25％（前週平均）から33％に上がりました。この成果が再現可能とすると何％の価値アップとなるのか、計算根拠も入れて説明してください。

✖ 誤答

33(%) − 25(%) ＝ 8(%)

なので、８％のアップ

○ 正解

33(%) ÷ 25(%) ＝ 1.32(%)

つまり契約率が 25%（前週平均）から 33% に上がったのは 32% のアップ

この場合の比較には、相対値を使います。もともとの契約率が25％ですから、そこを基準にすると33（％）÷25（％）＝１・３２（％）となり、32％のアップとなります。

仮にこの人の月間新規売上が３００万円だとした場合、32％の向上で３９６万円にアップします。さらにそれを1年間続けられたなら１１５２万円の売上向上です。さらに、もし６名のチームで展開できるなら１１５２万円×６＝６９１２万円に、その後、エリア30名で実現できたら、３億４５６０万円になるのです。

この相対値を使ったプレゼンテーションができていない人、そしてこの相対値計算ができていないマネジメントも多いですので、成果報告やプレゼン資料には、ぜひ数字を用いたアピールを加えてください。

3章

仕組み化❶

3つのステップで「効率化」する

効率化は、この3ステップで進める

「やめる」判断が大事！

ではいよいよ仕組み化の第一段階、効率化について説明していきます。具体的な方法は次の3ステップになります。

ステップ❶　自分の行っている仕事を書き出してみる
ステップ❷　時間を使っている順に並べ替える
ステップ❸　上から順番に「やめられないか」「まとめられないか」「回数を減らせないか」「自動化できないか」の4段階で対応する

まずは仕事を細かく書き出しましょう。それらを一つずつ点検して、仕事を整理していきます。**なお、ステップ❸では、より詳細に仕事を整理していきます。この中で一番難しいのが「やめられないか」です。**

あることを「やめるか、やめないか」の判断基準は、それが「価値になっているのか、いないのか」です。なお、仕事の経験年数が浅いと、それを自分で考え、判断することには限界があります。**その意味でも、「やめられないか」の判断が一番難しいといえます。**

（営業職のケース）「やめる判断」の仕方

先輩に聞いて時間を短縮する

お客様選定に迷う時間は価値を生みません。考えているのはいいですが、ただ迷っているのは時間のムダです。

迷うくらいなら「どのターゲットが、一番価値がありそうでしょうか？」と、先輩に聞きましょう。自分の中に一定の判断基準があって、「どのターゲットにとって、より価値があるのか」を考えているのなら別です。

しかし「どうしようかな」という迷いが出ている場合、「わからないこと」がわかってない状態であることが多いのです。

それなら、先輩に聞いたほうが早いということです。もちろん、売れてる先輩に尋ねてみてくださいね！

「資料作成」の時間を減らす

若手の方の中には、お客様に商品やサービスの説明をするために膨大な資料を作ることをタスクに入れている場合があります。

でも、本当にそれらは必要でしょうか？

資料の作成に時間を費やすよりも、相手に直接会って話をすることで、資料そのものの必要性を下げる方法もあります。

とはいえ、これは難しい判断です。準備不足で行けばお客様は反応してくれません。これらを見極めたうえで、ムダな時間を減らしていきましょう。

見込みのないお客様を外していく

ところで、**そもそも「自社商品のビジネスモデルがわかっていない場合」もあります。**

会社によりますが、マニュアルに従って電話をかけることが日々の作業である場合、自社商品がお客様にどう届き、届いた後どう使われ、どんな価値を感じるのか、という顧客体験を想像できないことがあります。

特に、通信系商材、システム、DX（デジタルトランスフォーメーション）商品を売っている営業の場合、この一連の流れがわかっていない若手は多いと感じます。自分の商品が提供する顧客体験をきちんと把握していれば、その体験に価値があり、価値を最大化する提案ができます。

顧客体験の中にこそ価値があります。これは非常に重要です。見込みのあるお客様を見極め、可能性の高いお客様にアプローチしてアポイントを取り、成約の可能性を高めることができます。

一方、いくら良い商品でも、ニーズがないお客様に提案していては売れません。その商品がお客様にとって価値が薄いのに提案を続けるのは、双方にとってムダです。必要なのは、見込みのないお客様を外すことです。それができないと、効率化は最初の一歩でつまずいてしまいます。

このように、**売る商品に対して、高い価値を感じるお客様に集中する、さらには、客単価としてより高いお客様を最優先にする、ということが重要です。**

CHECK!

やめる選択肢を持ち、最短ルートで仕事をしていこう

仕事量は、1カ月分の「総量」で捉える

1カ月単位で見ると、大きな数字になる

僕は、毎日の仕事量を「1カ月分に換算して考えること」が非常に重要だと思っています。

1日の労働時間を8時間とすると、たった1時間と思っても、それは1日の労働時間の8分の1に相当します。

ひと月を20営業日とすれば、1日1時間は月で20時間になります。

1日の仕事量を1カ月の総量で捉えると、その時間でこんなことやあんなことができるのではないか、という発想になります。

1日30分の価値とは？

ここで、一つ問題です。1日、30分にはどのぐらいの価値があると思いますか？

メールチェックや書類整理などであっという間に過ぎてしまいそうな時間ですが、**「1日30分」の価値を改めて数値化してみましょう。**

個人で考えてしまうと、30分の価値はそれほど大事だと思えないかもしれません。でも、これが5人、10人と増えてくるとどうでしょう。これはとても大きな数字になるのです。

1日の仕事量を1カ月分に換算してみる

〈1日の労働時間を8時間、20営業日とした場合〉

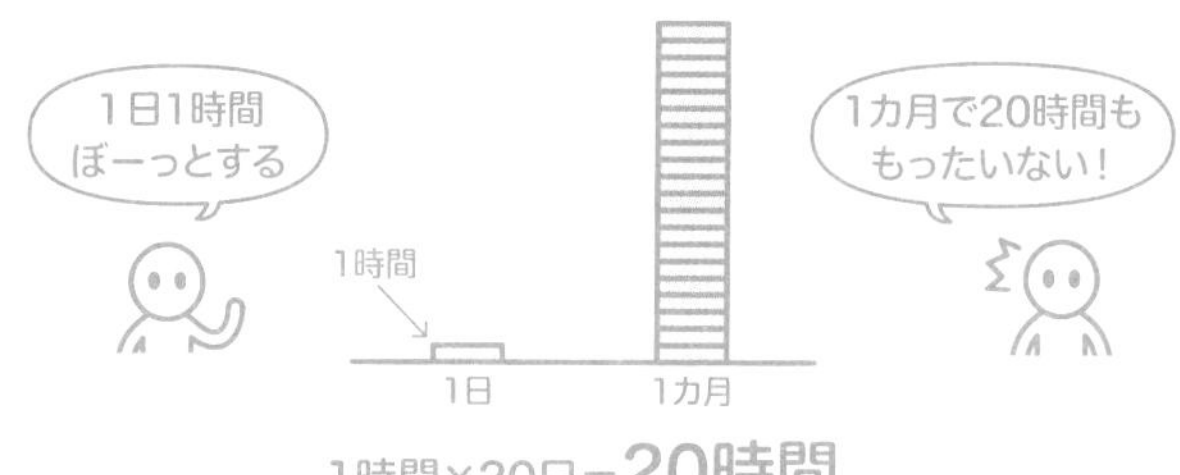

時間をまとまりで捉えると莫大になる！

試しに、チームリーダーになったつもりで考えてみましょう。

月に20日働くとして、30分を1カ月で見積もると、10時間。年間だと120時間。およそ0・7カ月分です。チームリーダー目線なら、そこに人数分を掛け合わせた時間となります。そのリソースをどう割り当てるかを、意外と多くの人が見過ごしています。

「意味ある会議」をしよう!

例えば、会議の議題、回数、質、参加人数が本当に適正かどうかを考えることが重要です。

ここでは、キーエンスで学んだ考え方を紹介します。

「意味ある会議」とは何でしょうか? それは時間チャージベースの費用対効果が取れる会議です。

まず、会議の開催者は、「誰が参加するか」、「参加者の時間チャージ」、「その会議時間によって、いくらの時間チャージが消費(投資)されるか」を計算します。**時間チャージとは、会社内でその人が1時間当たりに生み出すことが期待される価値を表した金額です。** これは

1日の仕事量を1カ月に換算してみる

〈1日の労働時間を8時間、1カ月を20営業日と設定すると……〉

(例)個人の場合	1日	1カ月
メールのチェック	30分	→ 10時間
提案内容の検討	1時間	→ 20時間
提案書・資料の作成	2時間	→ 40時間
休憩、おしゃべり	1時間30分	→ 30時間

(例)チームの場合(3人)	1日	1カ月
メールのチェック	30分	→ 30時間
提案内容の検討	1時間	→ 60時間
提案書・資料の作成	2時間	→ 120時間
休憩、おしゃべり	1時間30分	→ 90時間

**1カ月に換算すると、莫大な時間になる！
いずれかのプロセスを効率化できれば、
空き時間が増える**

キーエンスでも考えられており、コンサルティング業や弁護士業でよく用いられる指標です。

例えば、規模が大きい会議で、課長クラスと担当者クラスが一堂に会し、20人ほどの規模になったとします。1人当たりの時間チャージを平均2万円と仮定すると、20人で30分の会議なら20万円、1時間なら40万円の投資になります。

つまり、その会議には40万円を投資するだけの情報提供や価値ある共有があるかが問われるのです。「集まる必要があったのか」、「最大限の内容になっているか」といったことが、参加者からも見られています。

これを徹底している会議は少ないでしょう。もしあなたが「ムダな会議」に直面したとき、意味を問いただすような発言をすれば「成果を出してから言え」と言われるかもしれませんが、その会議を意味あるものに変えるような発言はしてもよいと思います。

ちょっとしたムダが甚大な損失に！

もう少し広げて考えてみます。人生のうちで毎日10分をムダにすれば、80年生きると

２００日以上の損失になります。
１０００人の会社で毎日１人が10分間をムダにすれば年間２５３４日分。
１日１００円を浪費すれば、80年で２９２万円になります。車が買えますね。
１０００人の会社で毎日１人１００円をムダにすれば、年間３６５０万円です。

時間とお金についてのほんの少しのムダや気の緩みが、人数や時間を経ることでどのくらい大きなものになっていくか。このことは、仕事においても人生においても、再認識しておいたほうがいいのです。

時間を1カ月分に換算すると、時間のムダにシビアになれる

3 仕事を整理する〈営業職のケース〉

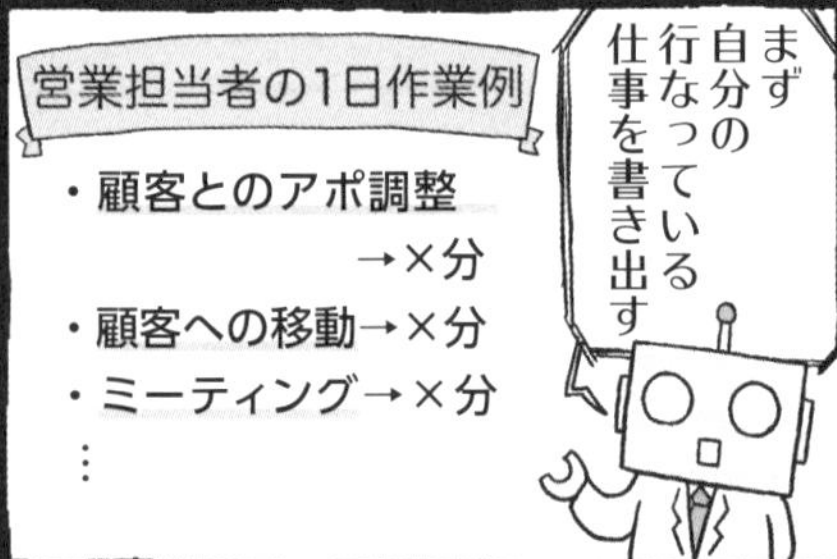

ChatGPTを使って、時間を算出する

先ほど紹介した3つのステップ（111ページ参照）について、例を挙げながら説明していきます。ちなみに、**この作業は時間短縮のために、ChatGPTなどの生成系AIを使ってもかまいません。**例えば**「1人の営業担当の1カ月の作業を細かく洗い出したい。仮説でいいので、分単位でたくさん出してください」**といったプロンプト（指示）を書いて、アウトプットされたものをたたき台にして、編集する方法もあります。

ここでは営業職を例にとってお話しします。

ステップ❶ 仕事を書き出す

営業担当者の1日の作業を分単位で洗い出してみます。ここでは、営業職に就いてから日が浅い営業パーソンを想定してタスクを紹介していきます。

なお業界や企業、個人のスキルや経験によって大きく異なることがありますので、あくまでも一つの例として捉えてください。

1日の作業時間を元に、**1カ月の作業時間を算出してみます。**127ページの図表の作業時間は1カ月で約230時間になりました。通常のビジネスパーソンが1カ月当たりに働く時間は大体170時間ですので、本リストは残業時間60分程度としたものです。

この中には、価値提供している時間と、それ以外の時間があることにお気づきだと思います。**最優先したいのは「お客様と面談して価値提供すること」。その時間をいかに多く、密度を濃くできるかです。**成果は、お客様に価値提供する機会をいかに増やし、その質を上げることができたかで決まります。そのためにも、それ以外の時間を削って価値提供する時間を増やしていくことが大事になります。

早速、「提案書・見積もりの作成」の業務それぞれについて、「やめられないか」、「まとめ

られないか」、「回数を減らせないか」、「自動化できないか」を検証していきましょう。

その一例として、「フォーマットの統一」（92ページ）で紹介した、提案書のフォーマット化といったアイデアが出てくるのです。

さらに言えば、提案内容の検討、調査を毎回ゼロからやるのではなく、手順をマニュアル化しておけば、10分程度で終わります。見積もりも同様です。Ｅｘｃｅｌを活用すれば、もっと短い時間で作業を終えられるはずです。

ざっとした見積もりになりますが、１日の「提案書・見積もりの作成」は次のように圧縮できます。

「提案書・見積もりの作成」（１８０分→**40分へ圧縮**）

提案内容の検討・調査：60分→**20分へ**

提案書の作成：90分→**10分へ**

見積もりの計算：30分→**10分へ**

1日の作業時間

項目	内訳	合計
顧客訪問	アポの調整：10分　移動時間：30分 ミーティング：60分 ミーティング後のフォローアップメールの作成・送信：15分	合計 115 分
新規顧客開拓	リードリストの作成・更新：20分 新規リードへのアウトリーチ（電話・メール等）：15分／リード フォローアップ：10分／リード	合計 45 分
提案書・見積もりの作成	提案内容の検討・調査：60分 提案書の作成：90分 見積もりの計算：30分	合計 180 分
内部ミーティング	営業チームとの週次ミーティング：60分 他部署との連携ミーティング：30分	合計 90 分
レポート作成	日次の活動レポート：15分 週次の進捗レポート：30分 月次の成果レポート：60分	合計 105 分
自己学習・トレーニング	新製品・サービスの学習：30分 営業スキルアップのためのトレーニング：60分	合計 90 分
その他のタスク	CRMの更新：20分 顧客からの問い合わせ対応：15分 営業資料の更新・整理：30分	合計 65 分

1日の合計作業時間は　690分　となります。

1カ月の作業時間

1カ月＝20営業日

顧客訪問

アポの調整：200分　移動時間：600分
ミーティング：1200分
ミーティング後のフォローアップメールの作成・送信：300分

合計
2300分
約38時間

新規顧客開拓

リードリストの作成・更新：400分
新規リードへのアウトリーチ（電話・メール等）：300分／リード
フォローアップ：200分／リード

合計
900分
15時間

提案書・見積もりの作成

提案内容の検討・調査：1200分
提案書の作成：1800分
見積もりの計算：600分

合計
3600分
60時間

内部ミーティング

営業チームとの週次ミーティング：1200分
他部署との連携ミーティング：600分

合計
1800分
30時間

レポート作成

日次の活動レポート：300分
週次の進捗レポート：600分
月次の成果レポート：1200分

合計
2100分
35時間

自己学習・トレーニング

新製品・サービスの学習：600分
営業スキルアップのためのトレーニング：1200分

合計
1800分
30時間

その他のタスク

ＣＲＭの更新：400分
顧客からの問い合わせ対応：300分
営業資料の更新・整理：600分

合計
1300分
約22時間

1カ月の合計作業時間は概算で **約230時間** となります

これらを1カ月単位の数字で捉えると、合計3600分→800分に減ります。2800分、すなわち、**約46時間もの時間を節約することができるのです。**

ムダはこれ以外にも散見できます。顧客訪問や新規顧客開拓でも、仕組み化することで削れる時間が多々あります。

ステップ② 時間を使っている順に、並べ替える

先ほどの結果を「時間を使っている順」に並べ替えると、次のようになりました。

1位「提案書・見積もりの作成」（合計3600分）
2位「顧客訪問」（合計 2300分）
3位「レポート作成」（合計 2100分）

4位以降の順位は次の通りです。「内部ミーティング」「自己学習・トレーニング」「その他のタスク」「新規顧客開拓」となります。

2位やランク外の「新規顧客開拓」は営業職のキモですから、ここは増やしていくべき項目です。

やはり、**1位「提案書・見積もりの作成」が問題です。**3600分とは60時間、年間だと720時間。1日8時間就業しているとして3カ月。累計するとそれほど長い時間、デスクで提案書と見積もりを作っているわけです。**真っ先に手をつけるべきなのはここだということになります。**

ステップ❸ 4つの視点で仕事を整理する

真っ先に目につくのが、提案書作成の他、メール文やレポート作成、リードリストの更新時間の多さです。**これらはフォーマット化したり、リスト作成の工程を簡素化することで、さらに時間を圧縮できるはず。**

さらに移動時間の多さも気になります。あらかじめ最短ルートを調べておいたり、場合によってはZOOMや電話での打ち合わせに切り替えられないかを検討してもいいでしょう。

ここまで、紹介してきたことはほんの一例にすぎませんが、いずれも「効率化するにはどうしたらいいか?」という視点で捉え直すことで、仕事の工程をスリム化し、より少ない時間で最大の利益を生む活動ができるようになります。

CHECK!

仕事をリスト化し、1カ月分の時間数を割り出し、ムダを見つけよう

4 効率化で捻出した時間を賢く使う

省いてはいけない業務もある

ここまで効率化の方法について説明してきました。ここで少し補足しておきます。

大前提として忘れてはならないのは、これまでやっていたことをおろそかにしない、ということです。

例えばお客様へのこまめなメール連絡やリマインドメール。こうしたお客様のお役に立てる最低限のことをいきなりやめたりしないでください。その配慮があってこその効率化です。

これを踏まえて、新たに生み出された時間を価値ある仕事に使っていきましょう。

なお、仕事の高付加価値化については、4章から詳しくお伝えしていくので、ここではさわりだけお話ししておきます。

捻出した時間を有効に使っていく

仕事を効率化することで、ムダな時間を減らし、空き時間を捻出できたとします。これらの時間で具体的にどんな仕事をするとよいでしょうか？

成長段階によって取り組むべき仕事内容は変わっていきます。例えば、今キャリアを積み始めた若い営業職の人であれば、アポ取りに時間を使いましょう。

月間のアポ数を増やそう

特に注目してほしいのは、月間のアポ数です。顧客訪問し、顧客面談の内容を濃くできるかは重要ですが、濃くするためには、まず回数を増やしていかなければなりません。

ちなみに僕は月に100アポイントは行っています。「自分がどれだけ、お客様と会っているか」は確認してみてください。

その中でムダを削減しようと思ったら、フォローアップメール作成に費やす時間を15分か

「行動量」や「質」を上げていこう(営業職の場合)

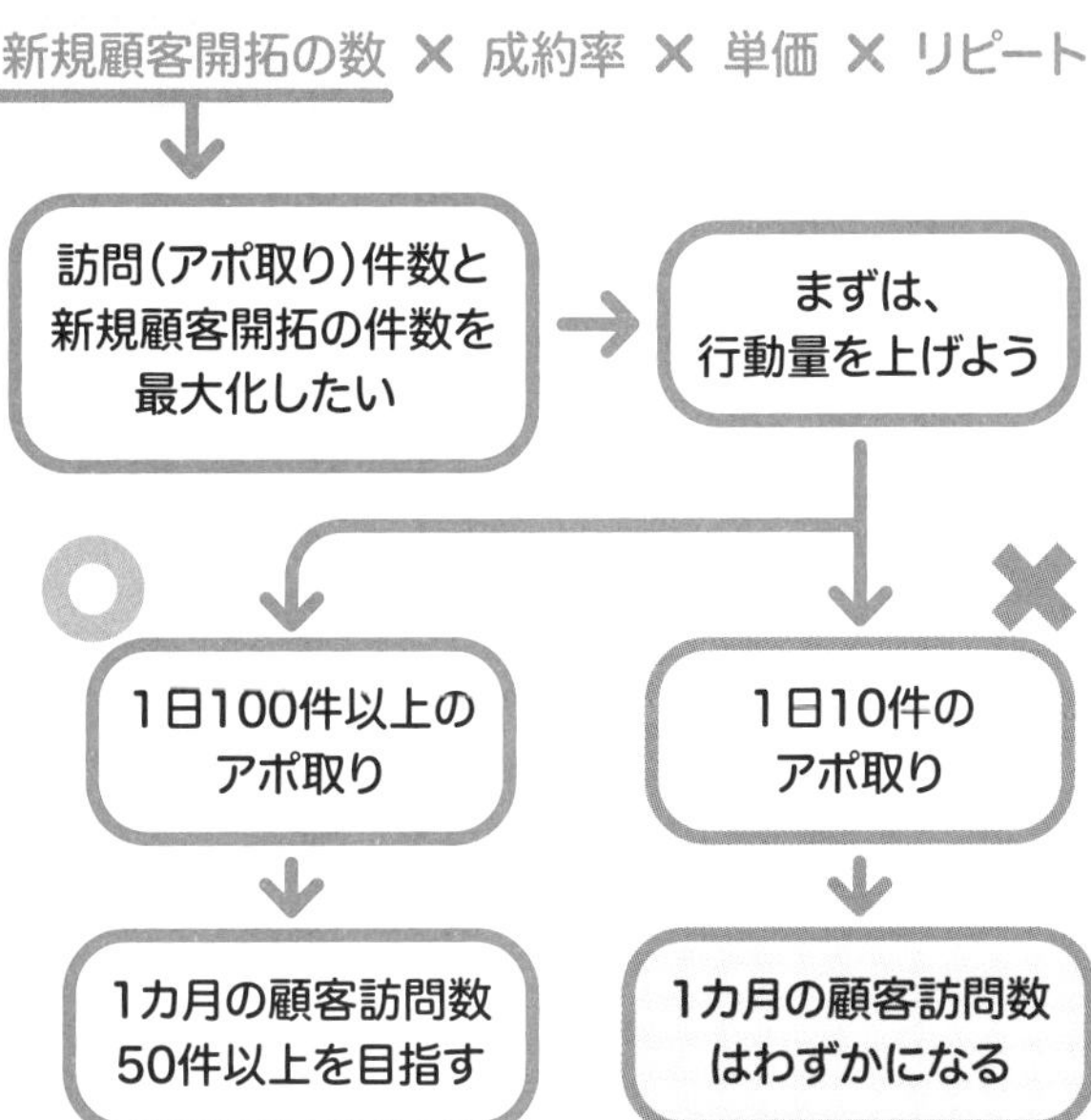

訪問件数と新規顧客開拓の件数を増やしていくと…

- 買うお客様、買わないお客様の区別がつくようになる!
- 顧客を絞り、商談件数を最大化
- 成約件数が上がり「売上UP」

行動量が上がってきたら、質を上げていこう。営業の場合は、顧客単価を上げていきたい!

ら5分にできるか、移動をなくしてオンライン化してできるかということもあります。しかしリアルで会う必要のあるお客様もいますので、移動についての削減はマストではありません。

営業の数字はシンプルで、基本は「新規顧客開拓の数 × 成約率 × 単価 × リピート」です。それを最大化するためにどういう時間の割り振りをするか、が基本です。

新規顧客開拓の効率化も、もちろん重要です。成果が出ていない人は、1日に10アプローチ前後ぐらいしかできていません。

なぜできないかといえば、迷っている時間が長く、なかなか行動が伴わないからです。1日50か100アプローチはしなければ成果は出せません。野球だって、素振りを10回しかやらなければ伸びはしない。基礎づくりは大切ですね。

月に50件の顧客訪問を目指そう

1日100件アプローチするというのは、その次の段階である、顧客訪問を月に50件は達成したいからです。顧客訪問の次に商談、成約、それで初めて売上になっていくわけですから。顧客訪問にこれが全部入っているのです。

商談、成約、売上。当たり前のことではあるのですが、売上が最大化するように商談から成約を見ていかなければならず、顧客訪問についても商談化するお客様はどんな人かを考えていかなければならない。こうした数字をきちんと管理していない人は意外と多いのです。

このように訪問件数と新規顧客開拓の件数を最大化していると、買うお客様と買わないお客様が見えてくるものです。やがて、買うお客様だけに時間を集中できるようになっていく。**顧客を絞り、商談件数を最大化すると成約件数が上がって売上も上がっていく。そんな流れです。**

そのために大切なのは、自分の行動量を上げることと、質を上げるという2つなんです。捻出した時間の使い方においては、行動量と質のバランスを取っていくしかありません。

そして、**「行動量は上がってきました。少し成果も上がってきました。次にどうしたらいいですか？」となった際に「質を上げる」方向になるのです。**

質を上げる、それが顧客単価を上げるということです。これは、次の高付加価値化の中で詳しく述べていきます。

CHECK!

省いてはいけない業務を念頭に置きつつ、賢く時間を使っていこう

5 うまく回らない組織で個人ができること

成功した提案書を集め、原本ファイルを作ろう

ここまで読んだビジネスパーソンの感想は2つに分かれるのではないかと推察します。「そんなことは知っている」という人は、ある程度、良い「仕組み」を整えて機能している企業・組織で働いているということです。

「聞いたこともなかった」という人は、組織そのものがうまくいっていないか、成果の出ない仕組みの組織で働いているということになるでしょう。

では、自分が後者に当てはまる場合、どうすべきか。「組織には期待せず、とりあえず自

分から効率化をしてみる」ことは可能なのでしょうか？　その場合、何から始めればいいのでしょうか？

方法はあります。例えば、営業パーソンであれば、過去にうまくいった提案書を集めてきて、全部つなげて1つの提案書の原本ファイルを作ってください。

組織が不安定な状態だと、いい提案書、いいパンフレットが上司から提供されることは残念ながらありません。だから、もらうのを諦めて自分で作る、もしくは、一番成果を出している先輩から共有してもらいましょう。

そうすると、小一時間かかっていた提案書の作成が、次回以降1社当たり30分というふうに短縮できます。さらにこれまでよりも良い資料が手に入りますから、体力も気力も奪われません。「もっとアポを取ろう」「もっと提案しよう」と、モチベーションもアップし始めます。

ちなみに、「うまくいった提案書」は、自分のものでなくてもかまいません。**僕だったら、**

社内のトップセールスパーソンに突撃して、こう言います。「先輩、尊敬してます！ 提案書を見せてください」と。

基本的にトップセールスは気前がいいですから、あなたがクレクレ君（欲しがりさん）でなければ、共有してくれるでしょう。

組織としては問題があっても、その中に成功事例を持っている人がいるなら、僕は素直に頭を下げます。そこでプライドが邪魔をしてしまうと、「自分だって作れるはずだ」となりがちですが、「成果への早道はどちらか？」という視点で考えたほうが得策です。

もちろん、請われる側になったら、快くシェアしてあげましょう。徳を積む存在になれるからです。なお、メール文の一例は2章で紹介しているので参考にしてください。

できる人の知恵を借りると、成果を出しやすくなる

6 仕事を整理する〈事務職のケース〉

次に、事務職のケースを見ていきます。作業手順は営業職のときと同様です。

ステップ1 仕事を書き出す

最初に1日の作業時間を書き出した後に、1カ月の時間を算出してみましょう。

一例を143ページに記載しているので参考にしてください。

書類のスキャンやファイリング、あるいは、メールの作成・送信といった作業は、1回の作業ごとに時間を計算します。1日どのぐらいの回数を作業しているかを概算でいいので数えて大まかな時間数を割り出してみましょう。

ここでは、1カ月の合計作業時間は概算で約173時間という設定にしています。

ステップ❷ 時間を使っている順に、並べ替える

先ほどの結果を並び替え、時間数の多い業務内容を見てみると次のようになりました。

1位 「メール対応」(合計 約43・3時間)

2位 「データ入力・管理」(合計 約41・6時間)

事務担当者の1日の作業時間

書類の整理・ファイリング（10書類／日） 書類のスキャン：5分 / 書類 ファイリング：3分 / 書類 書類の廃棄・シュレッダー処理：2分 / 書類	合計 100分
データ入力・管理（5データセット／日） データ入力：10分／データセット データの確認・修正：5分／データセット バックアップの取得：10分／回	合計 125分
電話応対（5通話／日） 電話の受け答え：5分／通話 メッセージの取り次ぎ：3分／通話	合計 40分
メール対応（10メール／日） メールの読み取り・確認：5分／メール メールの返信：5分／メール メールの整理・アーカイブ：3分／メール	合計 130分
会議のサポート（1会議／日） 資料の準備：10分 会議のスケジュール調整：5分／会議 会議室の予約・設定：5分／会議	合計 20分
経費処理（5領収書／日） 領収書の整理：5分／領収書 経費の入力・申請：10分／領収書	合計 75分
その他のタスク（30分／日） 用品の発注・在庫管理：10分／回 社内の情報共有・連絡：10分／回 その他のアドホックなタスク：10分／回	合計 30分

1日の合計作業時間は **520分** となります

事務担当者の1カ月の作業時間

1カ月＝20営業日と仮定

業務	合計
書類の整理・ファイリング（10書類／日） 書類のスキャン：1000分 ファイリング：600分 書類の廃棄・シュレッダー処理：400分	2000分 約33.3時間
データ入力・管理（5データセット／日） データ入力：1000分 データの確認・修正：500分 バックアップの取得：1000分	2500分 約41.6時間
電話応対（5通話／日） 電話の受け答え：500分 メッセージの取り次ぎ：300分	800分 約13.3時間
メール対応（10メール／日） メールの読み取り・確認:1000分 メールの返信：1000分 メールの整理・アーカイブ：600分	2600分 約43.3時間
会議のサポート（1会議／日） 資料の準備：200分 会議のスケジュール調整:100分 会議室の予約・設定：100分	400分 約6.6時間
経費処理（5領収書／日） 領収書の整理：500分 経費の入力・申請：1000分	1500分 25時間
その他のタスク（30分／日） 用品の発注・在庫管理：200分 社内の情報共有・連絡：200分 その他のアドホックなタスク：200分	600分 10時間

1カ月の合計作業時間は概算で **約173時間** となります

3位「書類の整理・ファイリング」（合計 約33・3時間）
4位「経費処理」（合計 25時間）
5位「電話応対」（合計 約13・3時間）

これらを元に、ステップ3に進み、それぞれの業務を効率化できないかを見ていきます。

ステップ❸ 4つの視点で仕事を整理する

最も目立つのが、メール対応にかける時間です。真っ先に着手すべきなのはこの業務です。

・「メール対応」（合計 約43・3時間）の内訳
メールの読み取り・確認：5分（10メール／日）×20日＝1000分

メールの返信：5分（10メール／日）×20日＝1000分
メールの整理・アーカイブ：3分（10メール／日）×20日＝600分

この業務を営業職の例と同じように、「やめられないか」、「まとめられないか」、「回数を減らせないか」、「自動化できないか」と検証していきます。

ここで、**やめる、まとめる、といえば、やはりフォーマット化です。**

お客様からのメールだけでなく、社内メールについてもフォーマット化できることは数多くあります。

営業部員から「この内容、どうなっていますか？」という問い合わせが頻繁に来るのであれば、個別に対応していたときの事例をベースとして、対応を想定した文章を作ります。

それをチームのメールフォーマットとして共有する。すると、次からは作業の大部分がコピー&ペーストで済みます。

さらに、そのフォーマットの使い勝手によって内容をブラッシュアップし、F&Q集を作るなどする。これでメンバー全員の時間が一気に削減できます。

このように一つの成功事例ができると、その他の業務についても工夫できる点を見つけることができます。一例を挙げると、

2位「データ入力・管理」→**フォーマット化やスキャンの自動化**
3位「書類の整理・ファイリング」→**毎日やるのではなくまとめてやる**
4位「経費処理」→**作業工程の簡素化**
5位「電話応対」→**Q&Aのマニュアル作成チームを結成**

こんなふうに、**「どこを改善できるか？」**という視点で捉え直すことで、新たな改善点を**次々と見つけることができるようになります。**

CHECK!
仕事内容を書き出し、ムダがあれば改善していこう

4章

先入観を捨て、発想を切り替えよう

「高付加価値」な仕事をする視点とは？

価値を提供した結果が、売上や給与になる

売上と付加価値と給与の関係

最近、「なぜ給料をもらえていると思う？」と聞くと、「働いているからです。労働の対価です」と答える人が多いことに気づきました。間違いではないのですが、この考え方では、成果を出せるようにもなりませんし、仕事ができると言われるようにもなりません。

常に、「より価値がある仕事とは？」という視点を持つことで、仕事を高付加価値化していくことができるからです。

僕たちは市場、お客様に対して、会社を通して価値を提供しています。**お客様に価値を提供した結果が売上となり、そのお金の一部が社員の給与になります。**新入社員ですと、まだあまり働いていないうちに会社から初任給が支払われるため、労働しているから給与をもらえていると勘違いをしがちなのですが、売上（利益）あってこその給与です。そしてその売上はすべてお客様からいただいているのです。

全ての仕事が価値をつくることに関わっている

「お客様に対して価値を提供して、売上をいただく」。僕たちが行っているのは、そうしたシンプルな活動です。

逆に言うと、この「価値額」を増やせば、売上額、利益額が増えていきます。これこそが、会社で行う仕事の目的です。そして、それぞれの職種で求められていることも、お客様が求める価値につながる仕事です。

さらにいえば、**付加価値はお客様が喉から手が出るほど欲しがっているものなので、付加価値を提供することで、「ありがとう」と言っていただけます。**お金をいただきながら喜んでいただける。付加価値の高い仕事をすると、この好循環が手に入るわけです。

「お客様が求める価値」から発想しよう

とても大事な「付加価値」について、より理解を深めてほしいと思います。そこで、僕の考える「価値と付加価値の関係」について少しお話ししておきます。

どの仕事も価値づくりに貢献している

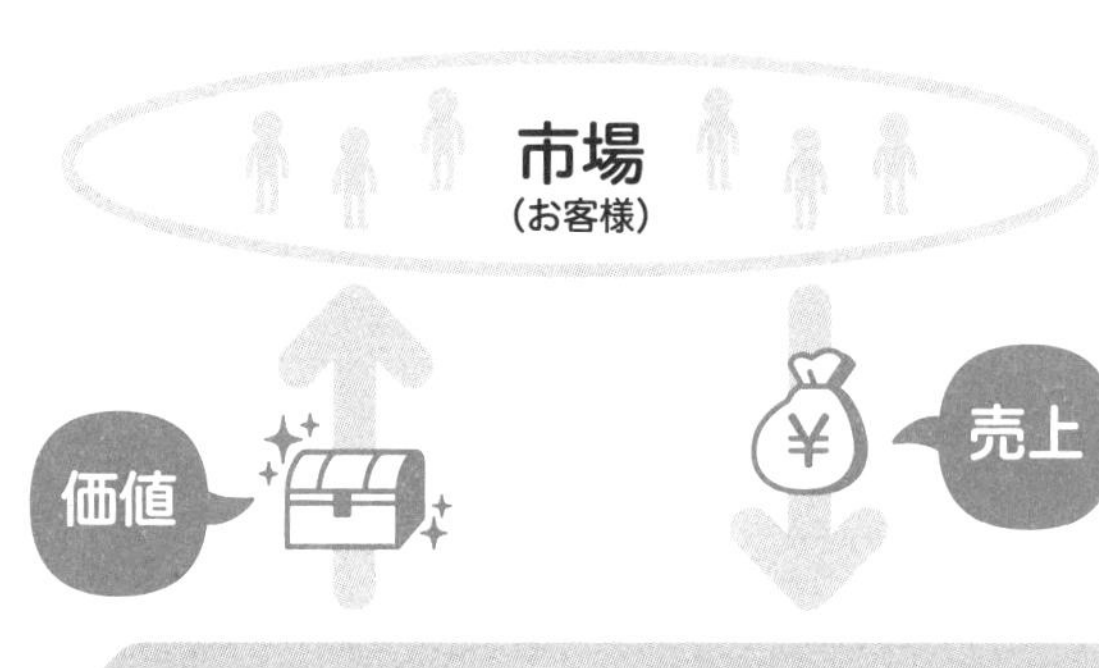

会社

営業職
販売職

お客様に
商品価値を
伝える

給与

事務職
(総務など)

社員が価値
ある仕事が
できるように
サポートする

企画職

より価値のある
商品を提供する

マーケティング職

商品価値を
マーケットに伝える

価値額を増やせば、給与も上がる！
自分の仕事が、どのように価値づくりに
貢献しているかを知っておこう

「付加価値って何ですか?」と問われれば、「原価に対して付け加えた価値」もしくは「わかりません!」という答えが挙がると思います。前者の認識自体は僕も同じです。
付加価値の認識で、僕が他の人と違う点をひと言でいえば、「順番」です。

一般的には、原価ありきで、そこに上乗せできた分が付加価値ですよね。ある意味結果値、つまり結果として残せた金額です。

一方、**僕が考える付加価値は、先に価値ありきです。**

先に顧客が求める価値①が何かを明確にし、そこから原価②を引いた残りのすべて、それが付加価値③になります。(左ページ上の図で、①→②→③の順番)

つまり、お客様が求める価値をしっかりと把握することが、全ての出発点になるわけです。

「原価ありき」の発想では、お客様の役に立てない

もう少し掘り下げて説明します。製品の値段を決める際に、製造の原価を計算して、そこに何パーセントかを加えて定価にする。このように、原価の上に、付加価値を積み上げてい

「お客様が求める価値を知ることが第一！」

〈付加価値のつくり方〉

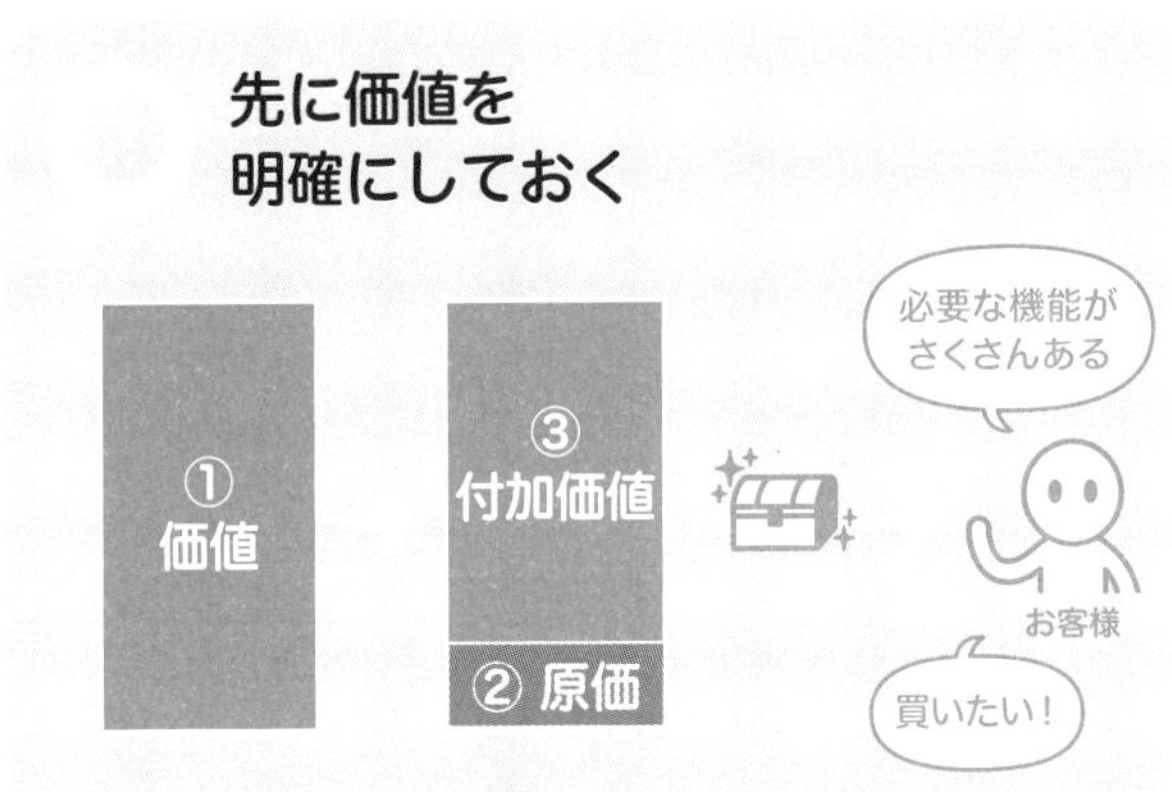

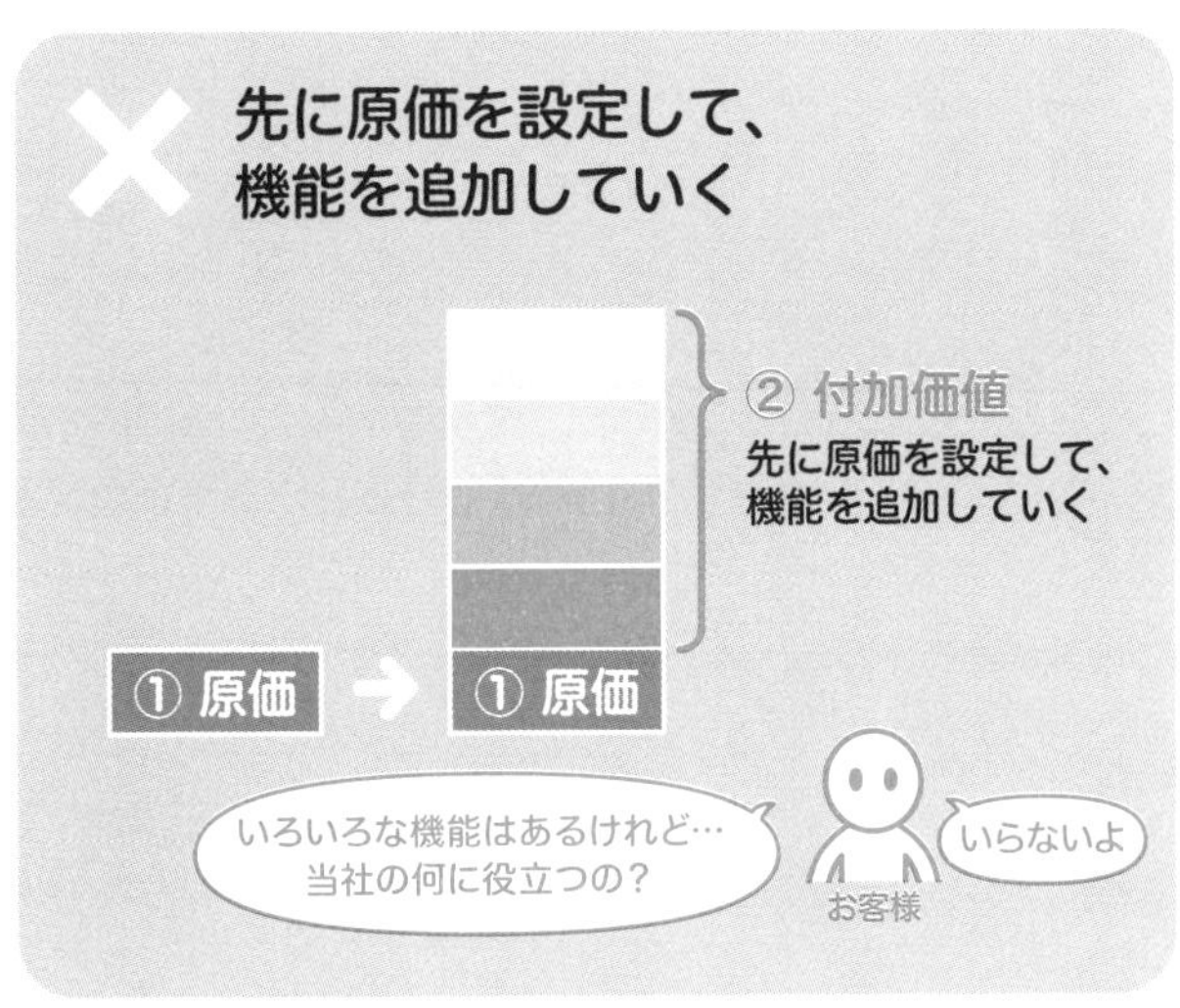

く発想は、なじみのある方も多いと思います。

つまり、原価ありきで考えて、多数の機能を追加して積み上げてしまいます。その後、誰にどうやったら売れるかな、と発想します。この考え方もNGではないのですが、私はこの考え方を「コストベースの考え方」と呼んでいます。**実は、これだとムダが多くなります。**

お客様からすれば、その積み上げられた機能の中で、「いろいろできるので便利そうだけど、誰にどう役立つの？」「必要ない機能が多すぎませんか？」となりがちです。

これが行きつく先は、自社のコストアップと値引きです。追加した機能を実現するために、開発費が高騰したり、製造原価が高まったりしてしまう。それなのに、「必要ない機能の分、カットしてよ」と交渉されてしまう。この悪循環にはまると自社に利益をもたらすことはできません。

付加価値は、お客様が喉から手が出るほど欲しい

でも、**僕なりの付加価値の考え方では、顧客体験の価値が先にきます。**

「こんなことができたらいいのですが……」という顕在ニーズや、「え、そんなことできる

んですか？」という潜在ニーズに対して、「これができたとしたら、生産性が1・5倍になって、年間でいえば粗利が3億円は向上しますね」という顧客が得る価値が決まります①。そして次に、「それをつくるには、どれだけの原価が必要なのか？」を考えます②。残りが付加価値③です。

様々な経営者やビジネスパーソンに話をしましたが、この順番での発想は珍しいようです。**この考え方が、高付加価値企業キーエンスで、私が学ばせていただいたことなんです。**僕はこの算出方法を逆算価値創出型バリューテンプレートとしてよく使っています。

この方法だと、自ずと付加価値は高くなりますが、そもそもお客様のニーズに寄り添っているため、満足度は下がりません。むしろ的確であるため満足度は上がります。

肝心なのは、お客様の得る価値から出発すること。これを第一に考えて仕事をすることが大事なのです。

CHECK

お客様が求める価値を考えることが出発点になる

「どうやったら売れる?」を出発点にしない

高付加価値な仕事をする人の発想とは？

大事なことは、**「より価値がある仕事とは？」という発想で仕事の優先順位を決めていくことです。**これが仕事の高付加価値化に欠かせない視点です。だからこそ、付加価値を提供する相手、つまりお客様が求める「価値」を知っておくことが必須です。これまでお伝えしてきたように、お客様が求める価値を提供した結果が売上になるからです。

その意味では、「どうやったら売れるだろう？」あるいは「自分の仕事だけうまく回せればいい」といった発想をしている限り、高付加価値な仕事をすることはできません。

一方で、高付加価値な仕事をする人は、こう考えます。

事務職の人であれば**「どの事務仕事がなくなれば、みんながより価値の高い仕事に集中できるだろう？」**と考え、やるべきことに集中します。

営業職の人であれば**「この商品に対して大きな価値を見出すのは誰だろう？」**と考えて優良なお客様を絞り込みます。

また、企画・マーケティング職の場合、少し複雑です。「USP（Unique Selling Proposition）」、付加価値が高い、かつ差別化ができている独自の価値、いわゆる我々の商品の価値は何か？　そこから顧客に対して展開できるオファーは何か？　そしてそのオファーを喜んで受け入れてくれる最大のターゲット、顧客は誰か？」、**この3つを考え続けます。**

そして、実際に仮説を立てて、マーケティングを仕掛けます。そして、その顧客の反応を分析し、さらに考えます。これらをぐるぐる回していくと、何周目、何十周目かに、より価値の高いものが見つかっていきます。それを繰り返していくのがマーケッターです。

もちろんこれ以外にも大切な問いは数多くありますが、ここでは手短に述べておきます。

いずれも共通するのはお客様が求める価値に焦点を当て、その価値を提供していくことです。これによって、成果を出すスピードが早まっていきます。

お客様（自社の社員）が何を求めているのか、じっくり考えてみよう

高付加価値な仕事をする人の考え方

〈営業職の場合〉

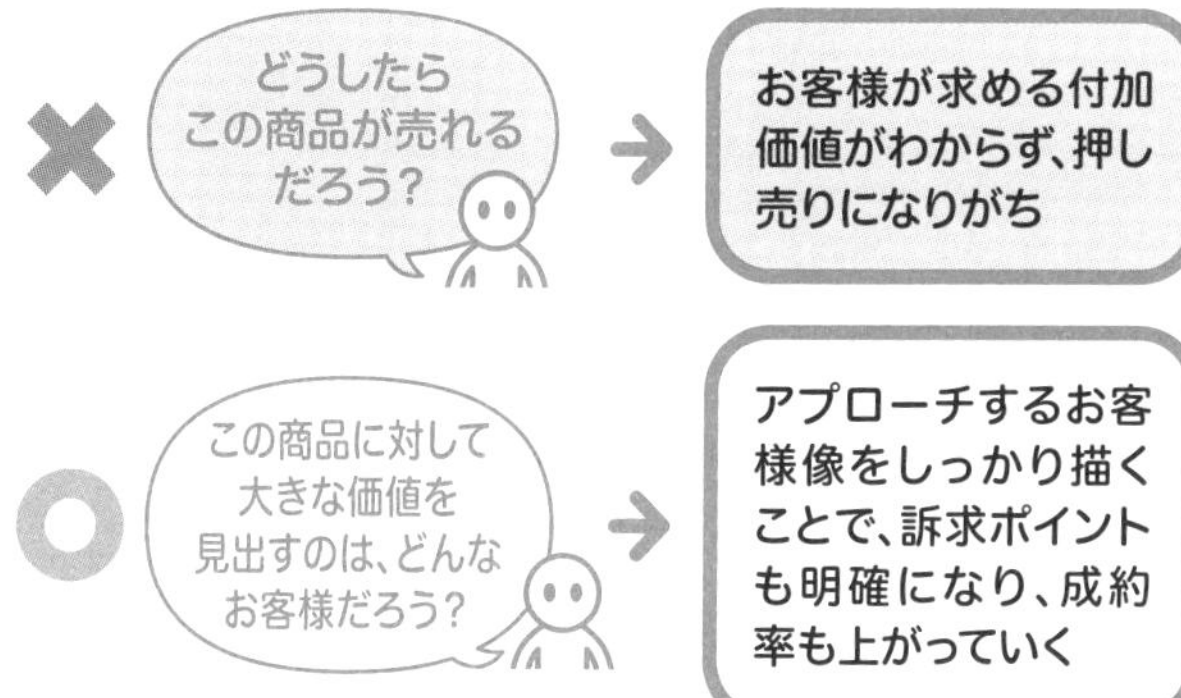

〈事務職の場合〉

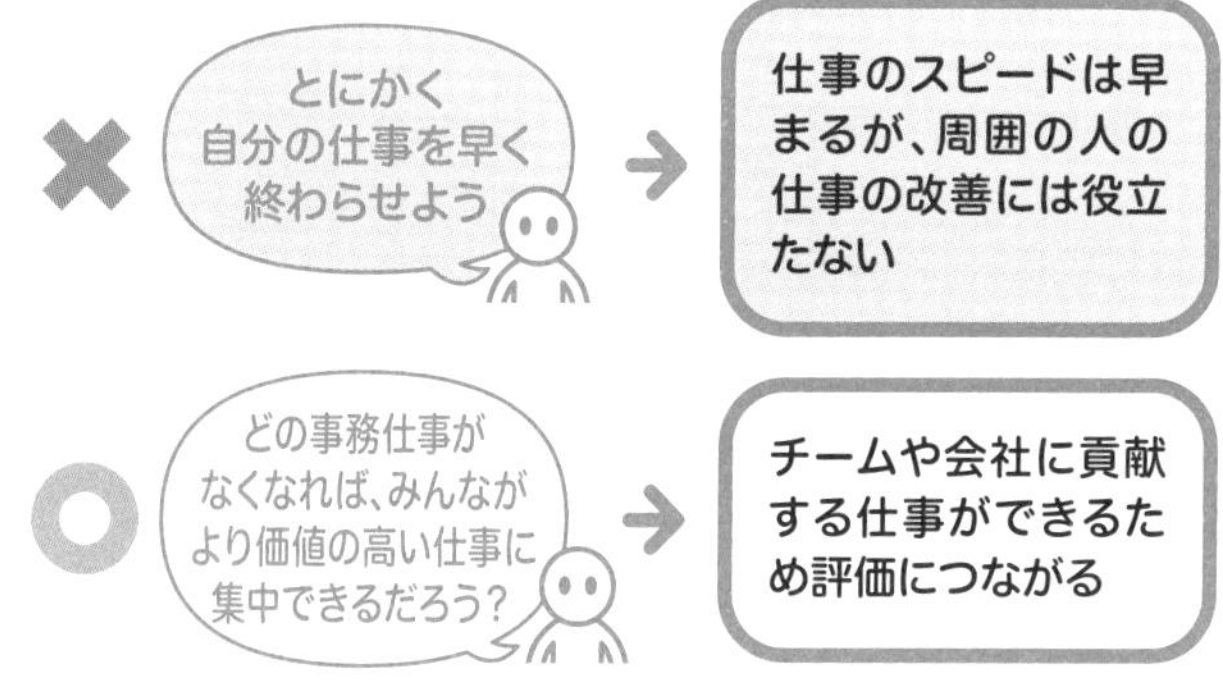

つねに付加価値を意識すれば、
高付加価値な仕事をする第一歩になる

3

価値を「数字」で捉えよう

“高付加価値化”ってどういうこと？
ごめんね仕事中…

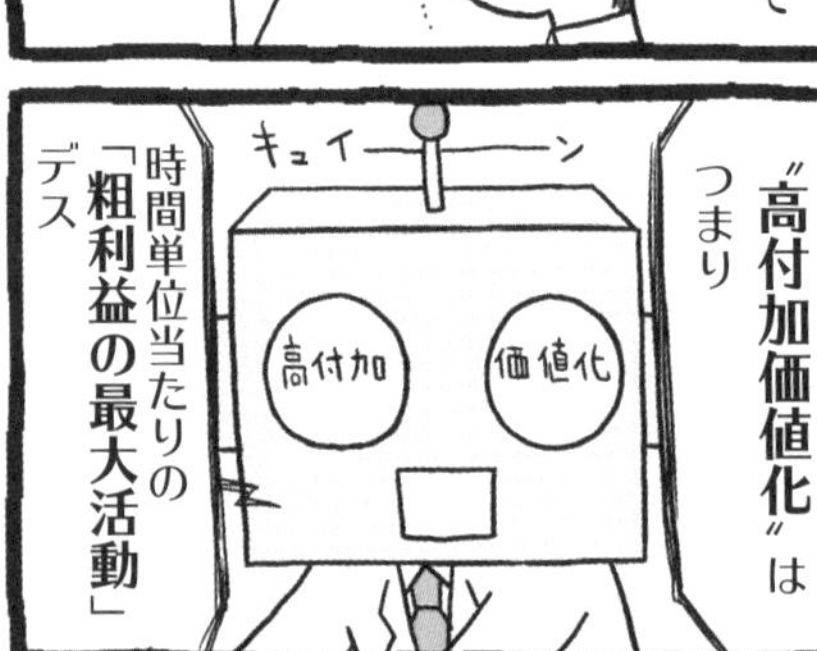
“高付加価値化”はつまり
キュイーーン
高付加
価値化
時間単位当たりの「粗利益の最大活動」デス

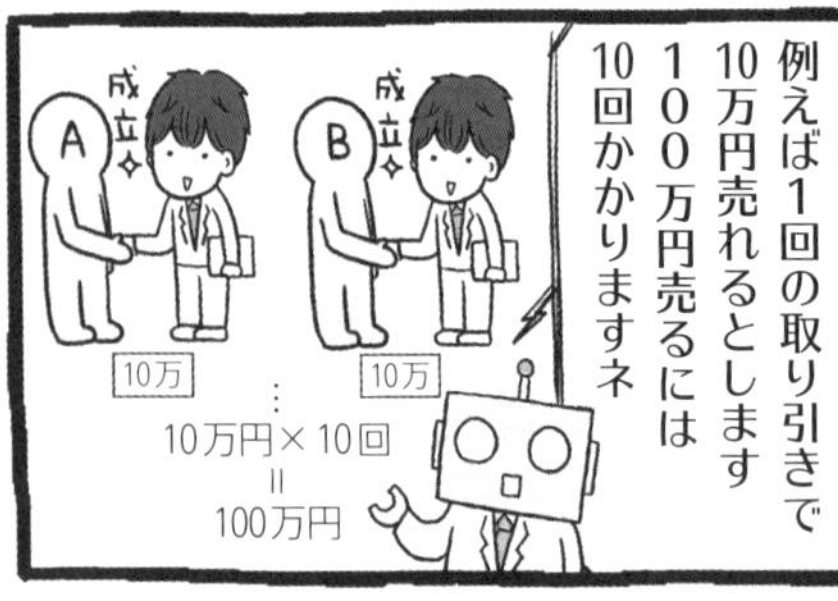
例えば1回の取り引きで10万円売れるとします
100万円売るには10回かかりますネ
成立
B
成立
A
10万
10万
10万円×10回
=
100万円

これを1回で100万円決めてこいってことデス
成立
X
100万
カンタン
たしかに

粗利益が最大化するのはどっち？

効率化の次にやるべき、仕事の高付加価値化とは何か？

端的に言うと、**時間単位当たりにおける自社の「粗利益の最大活動」**です。概念的でわかりにくいので、ここでは数字を使って捉えてみましょう。

例えば、次のケースでは、どちらの人が価値が高い活動をしているでしょうか？

Aさん「20日、毎日営業し、平均的に1日1受注 ×10万円」

Bさん「15日営業し、平均的に1日1受注 ×10万円＋5日は高単価&リピート施策を実施し、5日間で1受注30万円（毎月リピート）」

前者は今月売上200万円ですね。

後者は今月売上180万です。しかし、来月も再来月もリピート受注があります。年間で言えば、360万円の受注をしていますから、1年で見ると、今月の成果は510万円とも考えられます。

以上のことから後者のほうが価値が高いと言えます。

営業職の場合、自社の「粗利益の最大活動」は「顧客単価を上げること」や「リピート契約」「横展開できるターゲティング」「紹介者をたくさん募る」などになります。

30万円の商品で、粗利益を10倍にする方法

仮にお客様にテスト機1台を30万円で売っている営業パーソンがいるとします。

この営業パーソンがお客様の深く強いニーズをつかみ、商談をして年間3000万円の案件を決めることができたらどうでしょう。1台30万円の案件の100回ですから、まさに100倍の価値がある営業活動と言えます。

こういった話をすると、「３０００万円の案件なんかないよ！　あっても、信頼を得るのにとても時間がかかるし、結局変わらないよ」とも思われるかもしれません。

実際、僕もたくさんの商談を行っているのですが、前述のように30万円の案件を受注させていただく場合と、３００万円の案件、３０００万円の案件では、正直、商談回数にそれほど大きな差はありません。

30万円、３００万円、３０００万円と値段は異なっても、**「信頼を築き、ニーズを聴き、価値を示し、買うという意思決定をしてもらう」というプロセスは一緒です。**

しかし、金額が大きくなってくると、お客様の組織の中で巻き込む人数が増えるので、30万円を2回の商談で販売できるとすると、３０００万円のときは5～6回くらいでしょうか。

これを1回ずつの商談ごとに生む粗利益に換算すると次のようになります。

2回の商談で30万円＝15万円（1回の商談）
6回の商談で３０００万円＝５００万円（1回の商談）

となります。**時間単位当たりにおける粗利益が大きくなっているのがわかるでしょうか。**

もちろん、ここまでの差をつくろうと思うと、信頼獲得の力、ニーズの深堀りの力、価値を伝える力、顧客の意思決定を生み出す力、会社や組織の信用、商品自体の価値などを総合的に高める必要はあります。

しかし、「30万円」↓「３００万円」くらいの変化であれば、顧客ターゲットを変える、つまり「年商1億円未満の企業」から、「年商10～50億円の市場へのチャレンジ」だったりします。

こういったチャレンジに仕事時間の１００％を使ってしまうと、上手くいかなかったときに、成果が大きく下がります。**そこで既存70％、チャレンジ30％くらいで進めるのがよいのではないかと思います。**

顧客ターゲットを変えるときの時間の使い方

ちなみに一番おすすめなのは、既存70％の営業活動の時間を効率化すること。この時間で100％の成果を出し、残った30％の時間でチャレンジすることです。

例えば、先の例も、

「15日効率的に営業し、平均的に15日で20受注×10万円＋5日は高単価&リピート施策を実施し、5日間で1受注30万円（毎月リピート）」

これが本当は施策としてはいいでしょう。もし高単価&リピート施策がうまくいかなかったとしても、これまでと変わらない受注200万円になるからです。

間接部門の人も、粗利益UPに貢献できる

一方、**事務職においては、自分の仕事のみならず、自社の社員の仕事をいかに効率化し、負担を減らしていくかという視点を持つと、自社の「粗利益の最大活動」ができます。**

例えば、チームメンバーの仕事の効率化や、経営層や幹部クラス、あるいは社員全体に関わる業務負担を減らし、より価値ある仕事に集中できるような仕組みをつくっていくことが、会社全体に利益をもたらす活動につながるからです。

よく「私は間接部門だから……」というお話をされるのですが、**間接部門に課せられた使命もまた、会社が顧客に与える価値最大化です。**その考え方で言えば、間接部門は、他部門の動きを誰よりもよく知り、自分の仕事がほかの部門のどこに影響を与えているかをしっかり調べてみましょう。

「調べられません」「教えられていないので、わかりません」という場合は、上司に「会社の組織図ってどこにあるんですか？　ほかの部署がどんな仕事をしているか、役に立てる施策ないかを知りたくて……」と尋ねてみましょう。

CHECK!

日々の活動を粗利益に換算して考えるクセをつけよう

4

1時間当たりの「付加価値量」を高める

「労働時間を減らす」のが効率化

売る商品やサービスの値段が30万円であっても3000万円であっても、成約に至るまでのプロセスには結構な時間がかかります。どちらの場合でも、**売るための準備時間は短縮できたほうがいいはずです。そこで、再度出てくるのが効率化という発想です。**

効率化とは、時間を短くするということです。

例えば、1件当たり100万円の提案をする際の準備等に10時間かけているとします。その準備を「2時間でできないか?」と考えるのが効率化の基本です。

「1時間当たりの付加価値量を高める」のが高付加価値化

一方、**「高付加価値化」とは1時間という単位当たりの付加価値量を高めましょうという考え方です。**簡単に言うと生産性です。生産性は、「生産性＝付加価値÷労働時間」の式で表すことができます。

普通の仕事でも高付加価値状態の仕事でも、労働時間を減らすことが効率化、高付加価値化につながります。

効率化に取り組んでいると、高付加価値化も自ずと起こってきます。2時間の準備で100万円ということは、10時間かけたら500万円になる計算です。

効率化から高付加価値化へと転換していく

ただし、効率化を極めても、実際にはこれらのことは起きにくいのです。

なぜなら、100万円を2時間で受注できる状態になったとしても、そういった案件がたくさんあるわけではないので、「2時間で100万円受注＋8時間空き時間ができた」という状態はできても、「2時間×5回で500万円」というわけにはいかないのです。

そのため、高付加価値化を目指す場合、このできた8時間を使って、

「そもそも1000万円（今の10倍）払ったとしても、喜ぶお客様はどこにいるだろう？

そのときの商品はどんなパッケージだろう？」
「今の100万円の案件を何度もリピートで買ってもらうには、どうしたらいいだろう？」
「今の10倍の引き合いをもらうには、どうすればいいだろう？」

と考えるのが高付加価値化につながる発想になっていきます。

ぜひ一度、**これまでと同じ準備時間で、「10倍、100倍の金額で売れる商品・サービスはないか？」を考えてみてください。**これが仕事を高付加価値化していく秘訣になります。

CHECK!

価値を感じてくれるお客様を探そう！

「高価格だから売りにくい」という怖れを手放そう

高付加価値化か～

でもなー
高額な提案って
ちょっと怖いんだよなー

何で怖いんデスカ…？

ぬっ

うわっ

だって何千万円もするの
ボクなら買わないし…

鈴木くんが
買うんデスカ？

買わない

年商十数億の会社が
もっと会社を
良くしたくて
数千万払うんデスヨ

数千万円でこんなに会社がよくなるの!?

十数億の会社

ほしい

投資規模
数桁デスヨ

そっか！

5000万円の提案が、高くないわけ

「同じ準備期間で、10倍、100倍の金額で売れるものはないか？」

つまり、**「1時間にかける単位当たりの付加価値量を高められないか？」という発想ができる営業担当者は少ないといえます。**

そこには、大きな心理的な障壁もあるのです。つまり、高額な提案をお客様にすることを、怖がってしまう。「何か迷惑をかけてしまうんじゃないか？」と考えてしまいます。**でも、この障壁を取り除かないと、高付加価値な仕事をすることはできません。**

この心理的障壁について考えてみましょう。

私が研修中によく伺うことですが……今回は医療機器を販売されている営業の方の例でいきます。

田尻「ちなみに、5000万円の提案をするとしたら、どう感じます？」

営業「それは、ちょっと……（腰が引ける）」

田尻「何でですか？」

営業「提案の額が大きすぎるというか、考えたこともないというか……」

田尻「なるほど、高いと思ってしまう？」

営業「はい、高価なので、不安になります」

田尻「ちなみに、あなたは5000万円のこの医療機器に対してどう思っていますか？
高いなと思いますか？」

営業「すごく高い、と思います」

田尻**「ちなみに、その商品はあなたが買ってくれるんですか？（笑）」**

営業「え、いや、私は買えないです」

田尻「そうですよね。あなたが買うわけじゃないですよね。誰も5000万円の医療機器を自分の部屋に置きたいと思いませんよね。僕だって買わないですよ（笑）。**では、誰が買うんですか？**」

営業「病院の……」

田尻「**そう、病院の理事長先生ですよね。**何十億円とお金をかけて病院をつくって、年間何十億というようなお金が動く病院の中で、大切な患者さんの命を救うための機器を購入する。そのための投資金額が5000万円です。これって、どう思います？」

営業「別にどうも思わないです」

田尻「そうですよね。**高価な医療機器を売るといっても、売る人が、その値段の大きさを気にする必要性はないですよね、買うのはお客様。**もちろんお客様が買う理由をつくるのは、私たちセールスやマーケティングです。そのときに、あなた自身が買うとは思わないでください。こうした価値観をいったん手放すこと。それが営業として進化する一歩です」

さて、この話の流れの中で、もしかしたらあなたも引っかかる所はないでしょうか？　営業担当の心理的障壁の仕組みの一例として、〝自分が買うと思ってしまう〟ことがあります。この障壁をきちんと指摘してくれ、構造的に説明し、理解させてくれる人がいればいいのですが、意外とお客様目線ではなく、自分目線で商品の価格を判断している人が多いのです。

お客様は、いつだって〝高い〟と言ってきます。**なぜならお客様も、自社の利益のためへの投資ではなく、自分個人の財布と比べてしまう人が多いからです。**

この「自分目線」から、「会社目線」に変えてもらうのは、セールステクニックとして存在するので、ぜひ学んでみてください。

経営者目線で考えると、捉え方が変わる

さて、そんな中、先ほどの話には、まだ続きがあります。

田尻「ちなみに、経営者様の目線で考えると、10万円の商品を買って100万円儲かるのと、100万円の商品を買って1000万円儲かるのと、1000万円の商品を買って1億円儲かるのと、1億円の商品を買って10億円儲かるのと、10億円の商品を買って、100億円儲かるのと。**資金が十分にあるとすれば、どれが一番好きだと思います？**」

営業「10億円だと思います」

田尻「そうですよね。ちなみに今僕が言っていた話を、自分で聞いてみたときに、どこらへんでウッてきました？（笑）」

営業「1000万円くらいのところです……（笑）」

さて、このエピソードを読んでいただいてもわかる通り、**経営者であれば、自分の資金力に合い、かつ投資対効果の最も高く出るものを探しています。**しかし、売り手は全く逆の発想をしがちです。

どこかで「自分が買う」という発想になってしまう。だから自分で買える範囲の10万円の商品だったら売れるものの、5000万円の商品となると尻込みしてしまうのです。

金額は個人の感覚値にすぎません。まずは、そこから解き放たれなければならないのです。

CHECK!

経営者目線で考えると、着眼点が変わり、怖れを手放せる

ChatGPTの活用で、商品の価値がわかる!

ChatGPTの活用例

自分の所属する会社が、どのような価値をお客様に提供しているのかについては、通常は新人研修でしっかりと教わります。もし、学ぶ機会がなかったのなら、今、ここで頭に入れましょう。

わかりやすく理解できる方法が、**「もし、当社の商品がなかったら、お客様や社会にどんな変化が起きるだろうか」という発想**です。

今回は、ChatGPTを使ってみましょう。次に、例を出してみます。

（ケース）冷蔵庫の付加価値の調べ方

> **「私はある家電メーカーの、冷蔵庫の販売部門にいます。当社が顧客に対してもたらしている付加価値にはどのようなものがあるか、たくさん列挙してみてください」**

ChatGPTの回答（一部抜粋）

私はある家電メーカーの、冷蔵庫の販売部門にいます。当社が顧客に対してもたらしている付加価値にはどのようなものがあるか、たくさん列挙してみてください

家電メーカーの冷蔵庫の販売部門として、顧客に対してもたらしている付加価値は多岐にわたります。以下はその一例です：

- **食品の鮮度保持**：食品を新鮮に保つための最も基本的な機能を提供します。これにより、食品の賞味期限が延び、食品ロスの削減にもつながります。
- **エネルギー効率**：最新の冷蔵庫はエネルギー効率が高く、電気代の節約に貢献します。
- **デザインと機能性**：モダンなデザインや使いやすい収納スペース、アイスメーカーやウォーターディスペンサーなどの追加機能が顧客の生活を豊かにします。
- **スマート機能**：IoT技術を活用した冷蔵庫は、スマートフォンと連携して遠隔操作や在庫管理、レシピ提案などの便利な機能を提供します。
- **安全性**：食品の適切な温度管理により、食材の腐敗を防ぎ、食中毒のリスクを低減します。
- **健康とウェルネス**：特定の冷蔵庫は、ビタミンの損失を最小限に抑える技術や、食品の栄養価を維持する機能を持っています。
- **省スペース設計**：コンパクトなデザインにするなど、限られたスペースでも設置可能な製品は、都市部の狭い住宅に最適です。

これらの付加価値は、顧客が製品を選ぶ際の重要な判断基準となります。会社のブランドや製品の特徴に応じて、これらの付加価値を強化・宣伝することで、顧客の信頼と満足度を高めることができます。

前ページの表は、ＣｈａｔＧＰＴによる回答の一部です。さらに、こう聞いてみました。

「上記があるのとないのとで、生活者の生活にどのようなより良い変化が起こるでしょうか？　各項目について書き出してみてください」

左ページは、この質問への返答の一部です。これらの情報を元に考えると、次のように考えられます。

「ある家電メーカーの、冷蔵庫の販売部門にいる」人は、お客様に「生活のより良い変化」という価値をもたらしています。

そして、現代では「生活のより良い変化」は、ほぼ達成されています。冷蔵庫なら、冷蔵・冷凍がきちんとできることはかなり前にクリアし、既存製品よりもスリムで大容量化、部屋

ChatGPTの回答(一部抜粋)

上記があるのとないのとで、生活者の生活にどのようなより良い変化が起こるでしょうか？ 各項目について書き出してみてください

家電メーカーの冷蔵庫の販売部門があるのとないのとで起こる生活の変化を各項目について書き出します。

- **食品の鮮度保持**：食材が長持ちし、新鮮な状態での食事を楽しむことができる。これにより、健康的な食生活を維持することが容易になる。
- **エネルギー効率**：電気代が削減され、家計の節約につながる。また、環境へのCO2排出量も減少する。
- **デザインと機能性**：キッチンやリビングのデザインが向上し、生活空間が美しくなる。また、使いやすさが向上し、日常のストレスが減少する。
- **スマート機能**：食材の在庫管理や賞味期限のチェックが容易になり、無駄な買い物を減少させることができる。
- **安全性**：食材の腐敗を防ぐことで食中毒のリスクが低減し、健康を守ることができる。
- **健康とウェルネス**：食材の栄養価が維持され、より健康的な食事をとることができる。
- **省スペース設計**：狭い住空間でも設置できるため、生活スペースを有効に活用できる。

の雰囲気を邪魔しない高デザイン化、省エネなど、新しい価値を付加した製品が増えました。

こうした整理ができれば、次に満たさなければならないニーズや、自分自身に課せられている仕事との関係性という視点が持てはじめます。

あなたも、この例のように、**一度ChatGPT（やほかの生成AI）を使って「自社の商品・サービスがあることで、お客様にどんな変化が起きているのか？」を調べてみてください。**

情報を整理することで、お客様に提供している価値がより明確になり、「価値ある仕事は何か？」がクリアになってくるはずです。

CHECK!

商品の価値を客観的にもれなく捉えることで、価値ある仕事がより明確になる！

5章

仕組み化❷

コレで生産性が爆上がりし、「高付加価値」な仕事ができる！

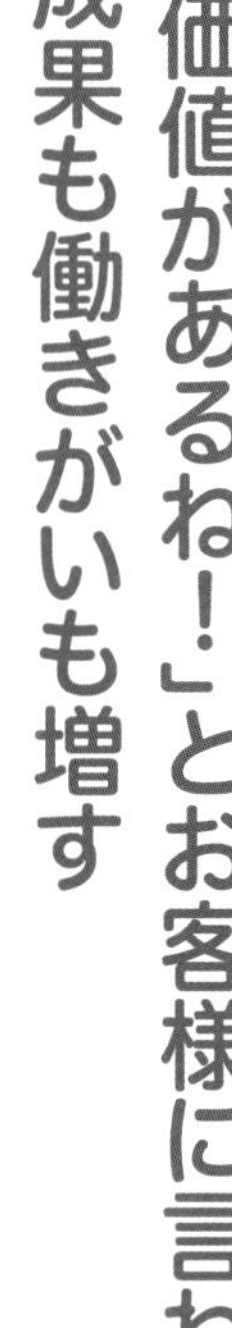

「価値があるね！」とお客様に言われ、成果も働きがいも増す

僕が嬉しいのはこんな瞬間！

突き詰めると、**高付加価値な仕事をするということは、「ありがとう！」と言われる体験の連続になります。**

心理学者のアドラーは、人の幸せとはコミュニティへの貢献感であると述べています。この「コミュニティに対する貢献感こそが幸せである」という言葉、僕も本当にそう思います。

自分がうまくいったことを皆にシェアし、「あなたのおかげでうまくいきました、ありがとう」と言われることは、幸せに感じるものです。

僕自身が嬉しい出来事は、今も変わりません。当社が提供する研修期間は2カ月、3カ月という期間ですが、その最終日に、

「実はいろいろ大変なことがあったんですけど、お客さんが『ありがとう』と言って買ってくれたんですよ」

と言われることがあります。それが、嬉しいのです。

でも本当に一番嬉しいのは、僕がそう言われることよりも、僕のメソッドを学んだコンサ

ルタントや講師が、受講者の皆様からそう言われるのを見ることです。

実際、これまで売上0円だったのに、たった2カ月、3カ月という研修期間の間に、2300万円の案件のテスト導入50万円を決めた方がいました。

お客様から「これはやってみる価値があるね」と言われて、買っていただけたのです。**「価値があるね」と言っていただけたこと、それは働きやすさを超えた、働きがいを生み出すものです。**そのことを聞いて、僕らも嬉しかったのを覚えています。もちろん！　その言葉をもらえた営業企画の人の顔は最高の笑顔でした（泣）。

「あなたに価値がある」という段階を過ぎて、「あなたの進めてきた組織や仕組みに価値がある」と言っていただけたら、さらに一つステップアップです。その先は、部下や周りの人がお客様に喜んでもらうのを見て、自分も嬉しい、となると、なお素敵です。本章では、そんな高付加価値な仕事をするための方法をお伝えしていきます。

価値ある仕事をして、成果も働きがいも手に入れよう！

2 効率化で生み出した時間を有効に使う

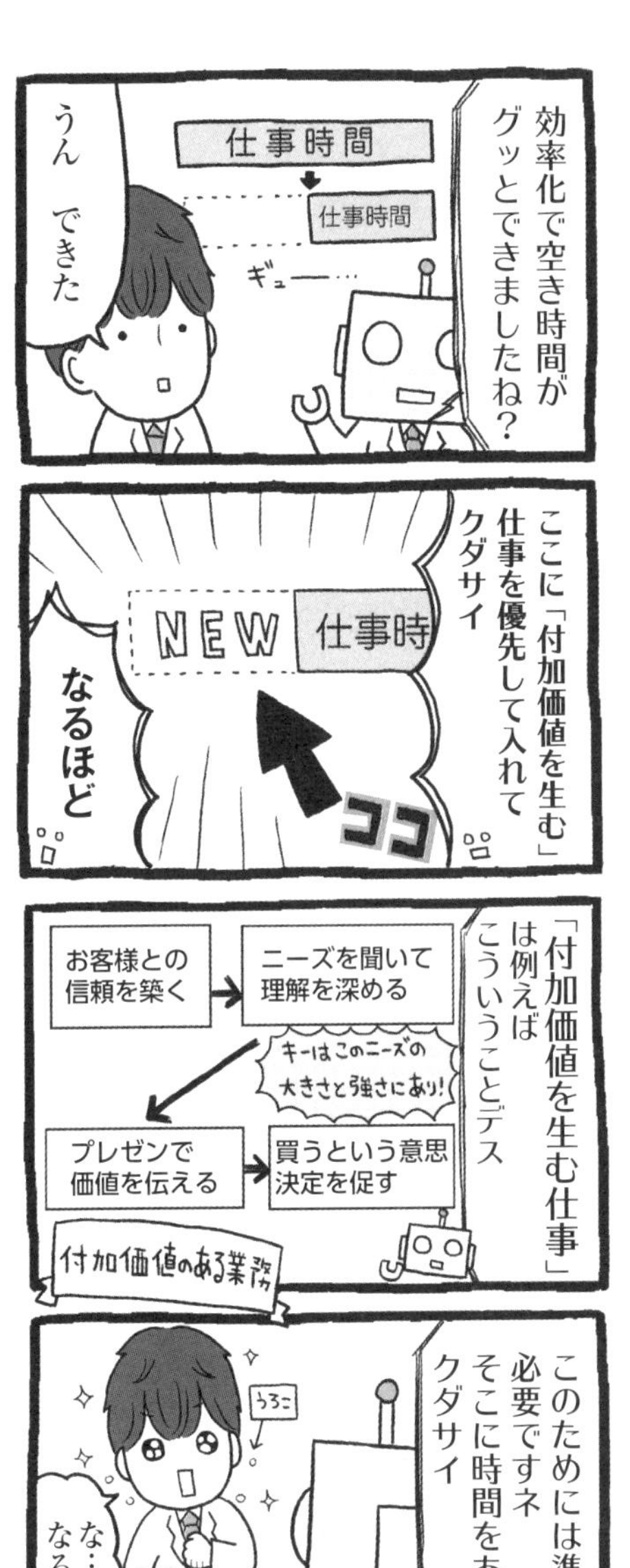

さらに「3つのステップ」で整理する

仕事を効率化し、仕組み化していくことで時間を圧縮できるとお話ししました。このとき生まれた「空き時間」を使って、より付加価値の高い仕事をしていくことになります。

なお、ここで思い出してほしいのが3章で紹介したこの3つのステップです。

ステップ❶自分の行っている仕事を書き出してみよう
ステップ❷時間を使っている順に並べ替える
ステップ❸上から順番に「やめられないか」「まとめられないか」「回数を減らせないか」「自動化できないか」の4段階で対応する

効率化した後も、これらの作業は必要です。なかでも**ステップ❸**は有効です。仕事を高付加価値化する際も、**この3つのステップに基づいて、随時、仕事を見直しやるべきことを絞っていきましょう。**

準備する時間も、価値につながる

価値ある仕事をするといっても、今日明日すぐに成否が決まるような重要な仕事ばかりがあるわけではないと思います。むしろ、コツコツやらなければならない業務も多いはず。それらを飛ばさずにこなす必要があります。その最たるものが「準備」です。

付加価値を提供するために「準備する」ことは欠かせないからです。

営業職でいえば、信頼を築くための準備、ニーズを聞くための準備、価値を伝えるための準備、意思決定を促すための準備などが挙げられます。

例えば、「信頼関係」でいうなら、自社と自分自身が信頼されるための要件をしっかりと準備し、さらにお客様に関心を持っていただくために、**訪問先の企業のWebサイトを調べ、その企業の理念を知って、それに共感した、といったことを伝える準備をするのは信頼への一歩です。**

僕はこの信頼についても〝仕組み〟として捉えています。

信頼の要素

価値観
- 私と同じ目線に立ってくれている
- 私と気持ち・感情を共有している（共感）
- 私と重視するポイントが一致している

熱意
- 行動が早い
- 行動量が多い
- 私の成功に対して、深く突き詰めてくる

能力
- 専門的技術が高い
- 専門的知識を持っている
- 問題解決能力が高い

リスク管理
- エビデンスがある
- 確率論的
- 最大値と最小値の把握

「信頼が仕組み？　そんなことできるのか？」と思われるかもしれませんが、もちろん確率論です。漏れていることもあるかもしれませんが、上記の要件を見てどうでしょうか？

価値観を自分と合わせてくれ、専門的知識と技術が高く、行動が早くて、大事なことにはちゃんと首を突っ込んできて、リスク管理もそこそこできる人がいたら、信頼しませんか？

「いやいや、それが難しいから……」と思うかもしれませんが、**一つひとつを仕組みとして分けてみたら、全てあなたもできるようになることです。全部準備できることなのです。**

このように何が信頼を高めることにつながる

のかがわかれば……あとはそれらを空いた時間を活用してつくり上げるだけです。

クライアントの業界、ビジネスモデルも調べよう

なおニーズについては、そもそも、その企業のビジネスモデルや業界について知らないままだと適切な質問ができません。適切な質問というのは、例えば「御社のような××業界であれば、このようなことが一般的に求められているかと思うのですが～」のような、こちらの仮説を踏まえたものです。**その準備のためのインプットは、非常に重要です。**

多くの会社で、自社商品については研修などで学ぶのですが、意外と自社のクライアントの業界のビジネスモデルは教えません。営業としてクライアントについてよく知ることは何よりも大切なことの一つですので、ぜひ取り組んでみてください。

ニーズを聞けたところで、「そのニーズを解決すると、どのような価値が出るのか？」を話し、その解決のための商品があり、その商品がどのようにニーズを解決するのかという理論を、動画やデモンストレーション、資料などを使って伝える。そのための準備も価値ある

時間です。**こういった準備ができていれば、同じニーズを持つお客様にはいつでも価値ある伝え方ができるようになります。**部下や同僚への横展開だって可能です。

ここまで準備しても、お客様に尋ねられるであろう「高いね」や「エビデンスはあるの？」「実績はあるの？」といった価値の証明に対する反論や問いに対しての準備を行うことや、「他社商品にもあるんじゃないの？」に対して、差別化（他社にはありません）の根拠を示す資料を準備する時間も大切です。

これらの時間を、効率化によって生み出していきましょう。そして、常に自分なりの判断軸を持って貴重な時間を充てていってください。

準備に費やす時間に多少の差はあっても、どの職種でも必要なはず。「どんな準備が仕事の価値を高めるのか？」という視点で一度、やるべきことを洗い出しておきましょう。

CHECK!

クライアントの業界やビジネスモデルについて調べておこう

3 職種別・高付加価値化する方法

4章では、全ての仕事が価値をつくることに関わっているとお伝えしました。では、それぞれの職種ごとに求められる価値のつくり方について見ていきます。

事務職の場合

事務職は、他部署の仕事をバックアップすることで、「粗利益の最大活動」に貢献します。

そこで、営業職、企画・マーケティング職といった他部署の雑務を減らし、本業に集中できるように改善のアイデアを出し、速やかに実行していきます。

ですから、**例えば「営業職の入力作業を引き受ける」といった形で他部署の仕事をどんどん回してもらい、「仕組み化」していくのが仕事です。**そのためには、いっとき仕事時間が増えてもやむを得ません。それにもかかわらず、「自分の」時間を削減しようとしていませんか？　それはコスト削減にはわずかに貢献できるかもしれませんが、付加価値アップにはなりません。

事務職の中でも、とりわけ「総務」は会社の中のムダな業務が見える部署です。会社の中を俯瞰し、より付加価値アップしていくために取り組むのが仕事です。

例えば勤怠管理の入力をいかに迅速に行えるか、書類をいかにわかりやすくするかを考え、他部署の時間を削減する仕組みをつくります。

この「わかりやすく」は非常に重要です。回りくどい文章、わかりづらい表現、複雑なシステムは社員の時間を奪っています。いかに社員のムダな作業を減らすか。まずは、総務部が管理する社内文書のシンプル化から始めてみましょう。

高付加価値化した仕事のやり方とは？

営業職の場合

行動量が少ない人は「増やす」	質が低い人は「上げる」
アポの件数、月間の商談時間を増やす	顧客単価を上げる

成約率も上がっていく

事務職の場合

社内外の文書やメールのフォーマットを作成し、チームで共有する	営業職、企画・マーケティング職など他部署の負担を減らすための改善アイデアを出す

会社に貢献できる

企画・マーケティング職の場合

- 数字の分析
- 商品使用の現場視察

→

- より価値のある商品の企画
- レポート作成

自社商品の強みを生かしたマーケットを創造できる

職種によって、価値ある仕事は異なる。仕事の目的を踏まえて、やるべき仕事を見極めよう

営業・販売職の場合

営業、販売の仕事は、お客様に「商品価値」を伝えて売上を上げるという最もシンプルな仕事です。できるだけ多くのお客様と出会い、売上を上げていくことが重要です。

特に営業職は、効率化によってできた空き時間を使って、行動量（訪問件数など）を増やしていくことが大事です。お客様とのコンタクト時間を増やすことで、成約率を上げることができるからです。

また、**仕事の質を上げるために「顧客単価のアップ」を狙います。**例えば、1個3万円のものを1日平均1個から3個売れるようになりました、というのは素晴らしい成果です。しかし、月間で200万円ほどの売上にしかなりません。一方でコンサルティング系の営業で、1つのサービスが300万円であれば、月間で何千万、年間で何億という単位になります。

1個3万円のものを頑張って3個売るという発想では、得られる利益にも限界があります。しかし、効率化によって捻出した時間でお客様との接点を増やし、困りごとや、より深いニーズを聞き出すというふうに質を上げ、**そのニーズを汲んだ新しい付加価値をつけて商品提案をしたら、どうでしょう？**

それができれば、成約当たりの単価を伸ばすチャンスが生まれます。それが高付加価値化です。お客様の満足度も上がりますし、同じ課題を抱えている企業に提案することで新規アポの成約数も増えていくはずです。

企画・マーケティング職の場合

企画・マーケティング職は、組織的に見れば、現場の営業よりも、会社の経営により近い立ち位置です。もっと言えば、**自社の強みを活かし、マーケットを創造していく立場です。**

主に企画を担う部署では、「より価値のある商品」を企画し、それを営業・販売につないで、売上を上げるのが仕事です。

マーケティングをメインに行う部署では、市場分析を行い、新しい顧客体験の向上を目指します。それには数字の分析も欠かせませんが、分析は単なる手段です。ここを取り違えて、数字の分析が目的化すると、付加価値化は達成できません。

数字の分析に時間がかかりすぎる、そこから何の示唆も出ていない、というのは論外です。

企画・マーケティング職が分析を行う目的は、レポートを書くためではありません。数字の分析をもとに、「現在のマーケットから、こちらのマーケットに営業活動をずらしたほうが、当社の商品の価値がより世の中に伝わるはず」といった示唆を示し、営業に投げかけていくところにあります。

高付加価値化をもっと突き詰めるなら、企画・マーケティング職は、顧客体験に寄り添うまでお客様の近くに行かなければなりません。お客様との距離感は、「企画・マーケティング→営業→代理店→お客様」のように遠くなりがちです。しかし、**トップマーケッターは、**

現場を見に行きます。

この「現場」とは、もちろん営業現場も含まれるものの、より大切なのは、お客様がその商品を使う現場です。先述のキーエンスであれば、自社商品がその工場の中のどこで、どう使われているかを見に行くのです。

シャンプーの例であれば、お客様がシャンプー売場で自社商品を買う瞬間や、そのシャンプーを使った人がどんなふうに喜び、また不満を抱えているか。現場は、そこです。それを踏まえてマーケティングの企画記事を作成する。そうしたことが、企画・マーケティング職の仕事が高付加価値化している状態です。

なお、ここで紹介したことはほんの一例にすぎません。実際にはより専門的な知見を得たり、分析力を磨いたりする経験が必要になることを付け加えておきます。

何が付加価値アップにつながるのかを見極めて、仕事をしよう！

CHECK!

「4つの視点」で、さらに生産性を上げる

「効率化」から「高付加価値化」へ

職種によって仕事内容は異なりますが、仕事を高付加価値化するときも、3ステップ（188ページ参照）で仕事を整理していってくださいとお伝えしました。**ここでは特に重要な〈ステップ❸〉について説明しておきます。**

ステップ❸では、「やめられないか」、「まとめられないか」、「回数を減らせないか」、「自動化できないか」の4つの視点で仕事を整理します。

なかでも「やめられないか」は重要です。実際、トップセールスの方々はよく、「あまり価値を感じていただけない８割のお客様をやめて、高く価値を感じてくださる２割の方々に集中してきた」ことが成功の秘訣だと話されます。

４章でもお伝えしましたが、**仕事の付加価値を上げる上で大事なのが、「質を上げること」です。**営業職であれば１００万円の提案を５００万円、１０００万円の提案に変えていくということです。そのためには顧客リストを早急に見直す必要があります。

有象無象のリストに電話をかけていては、時間がいくらあっても足りません。自社商品に対する深い理解があることを前提に、顧客リストを厳選していくことが重要です。

「４つの視点」で仕事のやり方を点検する

Step 3

上から順番に
「やめられないか」
「まとめられないか」
「回数を減らせないか」
「自動化できないか」
の４段階で対応しよう

これが一番大事！

例 顧客リストを見直し、アプローチしなくてもいいお客様をリストから外していく

これらも随時、検討する

仕事を惰性で続けず、適切な判断を下していこう

つまり、3万円、5万円しか買わないお客様よりも、100万、1000万、1億円単位の取引の可能性があるほうに時間をかける、というわけです。このようにして、厳選されたお客様に対して営業活動をしていくというわけです。

なお、顧客リストから漏れた潜在的なお客様へのアプローチも必要です。そこで次の「まとめられないか」「回数を減らせないか」という発想になります。

例えばセミナーといった形であれば、アポ1回分の時間で、まとまった数のお客様に説明ができます。さらにそれを動画にして配信し、商談申し込みまでの仕組みをつくったら「自動化できないか」という段階に進みます。これらが、高付加価値な仕事に専念するために欠かせない仕事の絞り方、進め方になります。

CHECK!

つねに「やめられる仕事はないか?」という視点を持とう

5 改善ポイント① 基本スキルを磨き、さらなるムダを省く

営業パーソンの事例で、仕事の改善点を探る

仕事を高付加価値化するといっても、抽象的でよくわからないかもしれません。そこで着目してほしいのが、「時間当たりの仕事内容」です。**「いつもの1時間をどう使えば、より生産的で、利益を生む活動になるのか？」**こうした視点で仕事に取り組んでいきましょう。

本章では具体例を示しながら、仕事の高付加価値化を考えてみます。

これから紹介するのは、営業職のAさんとBさんです。Aさんは仕事を効率化することができ、付加価値化への第一歩を踏み出している状態です。

一方、Bさんは付加価値アップを意識して仕事をしており、それなりに仕事ができるようになっています。両者が、さらに成果を出すために、どのように仕事を高付加価値化したらいいのかを見ていきましょう。

この会社はBtoBビジネスを手掛けており、1日の労働時間は8時間とします。

ケース① 「付加価値アップを目指す」Aさん

「仕事のスキル」を高める

社内や社外で使う文書のフォーマットを作成し、手作業を減らすことで、資料作成や報告にかけていた時間をある程度、減らすことに成功したAさん。**次のステップは、営業の成績**

それぞれに課題がある

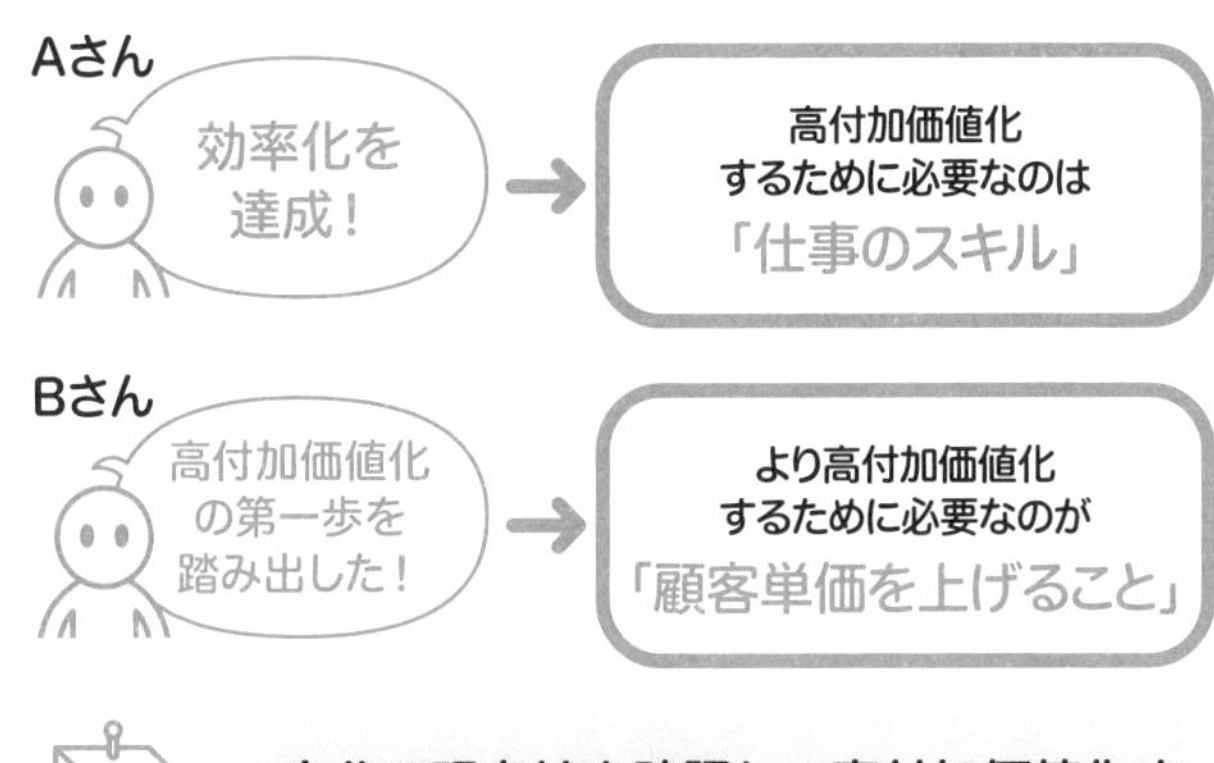

自分の現在地を確認し、高付加価値化するための方法を探ろう

を上げることです。現状は、なかなかアポが取れず、訪問回数、成約数が伸び悩んでいます。この状況を打開するために、日々の仕事内容を見直すことにしました。

手順としては1日の仕事内容をリストアップします（207ページ参照）。そして、どの時間の使い方や仕事の取り組み方を見直すと、仕事を高付加価値化することができるのを見ていくことになります。これについては、後ほど詳しくお話しします。

なお、改善例の前に、大前提の話をしておきましょう。Aさんの課題は、なかなかアポが取れないことです。その理由が基礎の不十分さにあるならば、**高付加価値化の前に、**

まずは基礎をしっかりと積み上げることが重要です。

例えば、チームリーダーがターゲットを絞った顧客リストから、何百万円、何千万円の売上が見込めるお客様へのアポが取れたとき、「担当のAさんはきちんと話せるスキルを持っているか？」が重要になります。大きな価値を感じてくれる顧客ほど、大規模な企業や富裕層であることが多いです。その基礎なしに、高付加価値な仕事はできません。

時間の使い方を工夫する

アポ取り、外回りする日を分ける

では、Aさんがトークスキルや商談をまとめるスキルを急いで学んだと仮定して、付加価

〈Aさん〉1日の時間の使い方

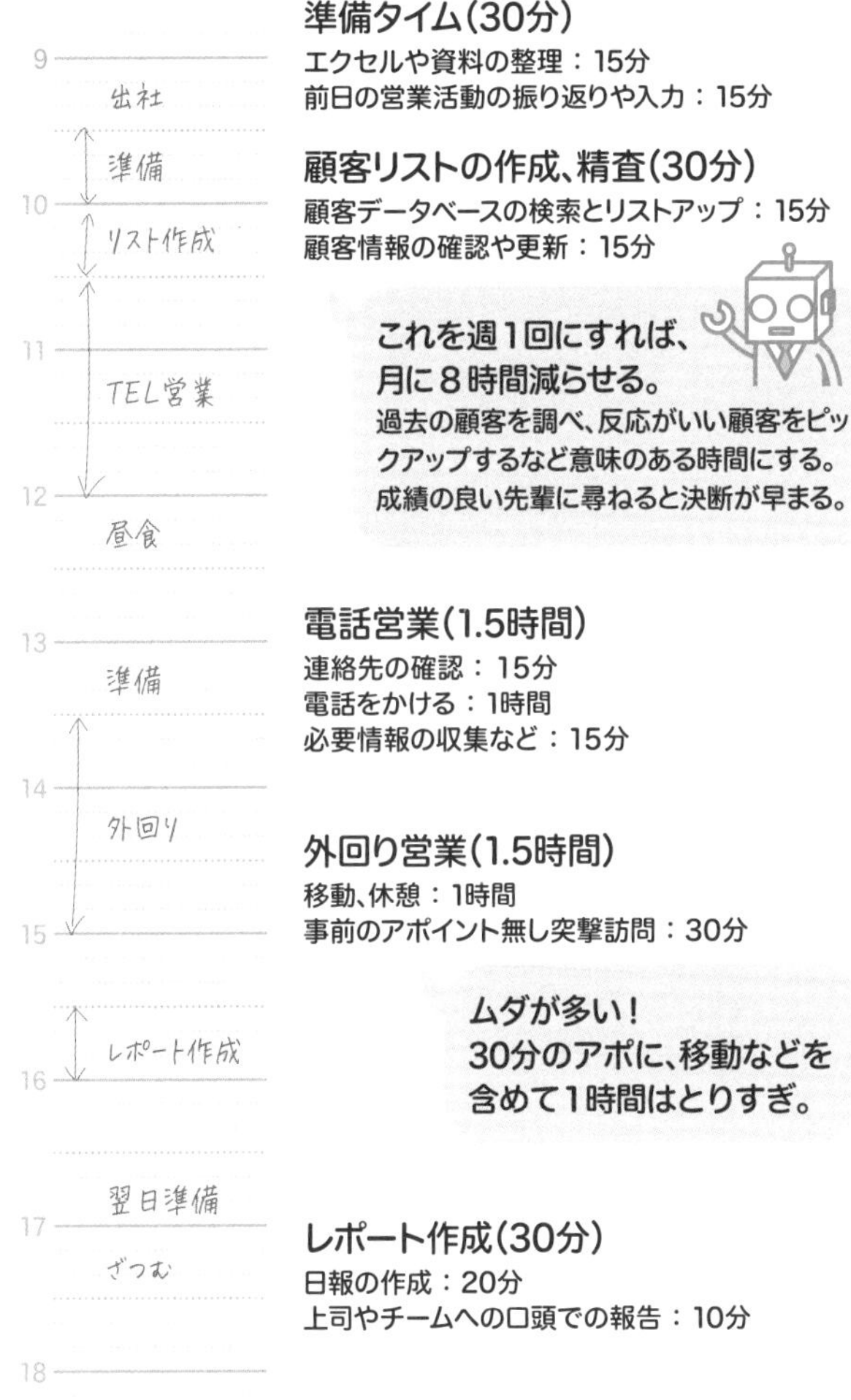

1日1アポから脱するために

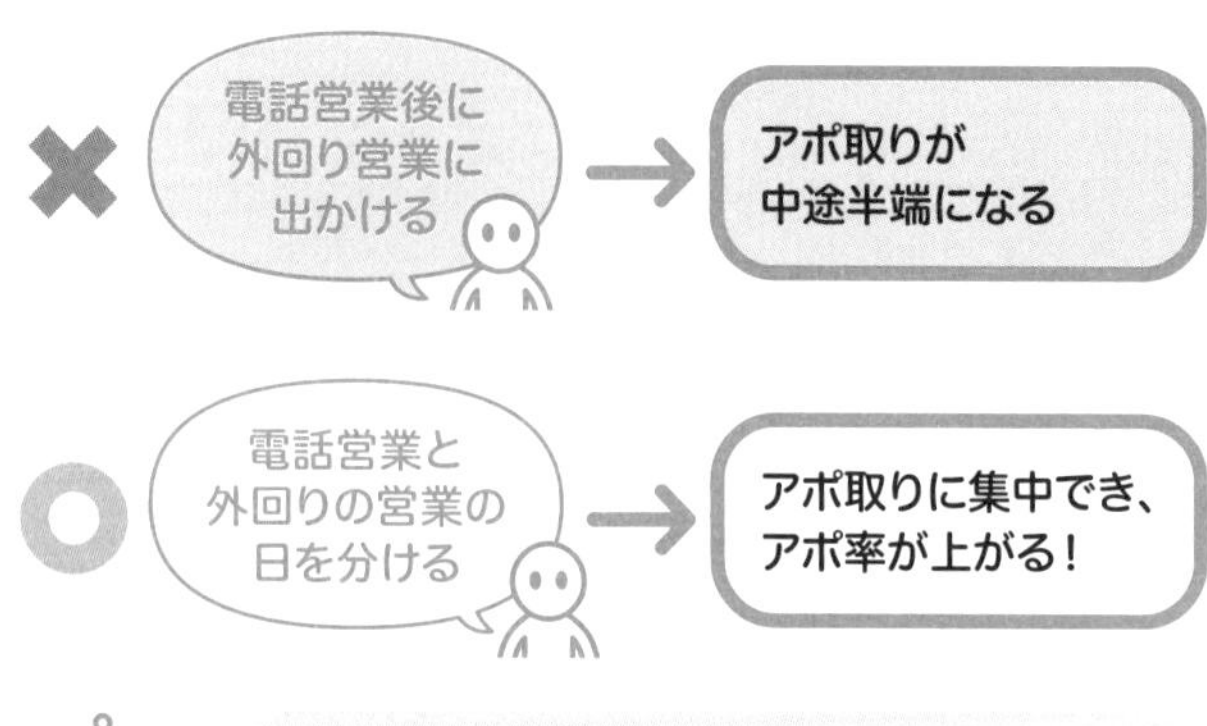

成果が出やすい方法に切り替え、アポ率を上げよう

値化へのポイントを見ていきましょう。

Aさんの現状を見ると、おそらく1日1件しかアポが取れていません。**その理由は、外回り営業の時間が1・5時間しかないためです。**

このペースが続いたとしても、月に20件のアポが取れるだけです。受注を取るためには2〜3件のアポが必要とすると、仮に成約率が100％だったとしても、月に7件の受注です。

こうした状況であれば、**例えば電話営業と外回り営業の日を分けることも一案です。** 例えば1日集中して3時間の電話営業を行うことで、**社内外合わせて1日**

に5件のアポが取れると仮定すると、月に50件のアポが取れます。これは現在の2・5倍の成果です。

買ってくださるお客様像を思い浮かべる

この作業で、アポ取り率が上がる

しかし、その計算通りにいかないことに気づくでしょう。そこで、自分の課題として「営業スキルが不足している」といった問題が見えてきます。どうやってそれを克服するか。

例えば「3時間電話して5件のアポを取りたい」と思ったなら、以下のように考えてみてください。

「買ってくれる会社は、どんな会社なのだろう?」
「興味を持ってくれる経営者や担当者は、どんな人なのだろう?」
そう考えたとき、過去の取引で非常に喜んでくれたお客様と、そうでもなかったお客様の違いを思い出すかもしれません。その記憶をたどることで、「この商品を喜んでくれそうだ」と思い当たるお客様像が浮かんできます。そうした予測のもと、

「御社に喜んでいただけそうなものがあるんです。実は御社と同規模の会社で、すでに年間コストダウンが1000万円以上できていて、お役に立てるか立てないかも15分もあればお話しできますので、一度御社の状況を聞かせていただけませんか?」

こう言えば、相手は「そうなの?」となります。これは、淡々とセールストークをされるのに比べて、響き方が全く違います。

こうしたことを思いつきもしないなら、アポが取れなくて当然です。なぜなら、「アポイントを取ること」=「お客様に時間を取るという意思決定をもらうこと」であり、まさに営

業そのものです。やはり仕事の順番は飛ばせません。まずは自分の仕事をしっかりとできるようにすることが第一です。その後、成約率が上がってリーダーになったら、今度は周りの人もできるようにするのが役目です。ちなみにリーダーも進化していきます。仕事の基礎を教える人もいれば、高単価で売れる方法を教える人もいる、というように。

トークスクリプトを磨く

場面ごとにトークを考えておく

さて、話を営業スキルに戻します。電話営業の場合もトークスクリプトは必須です。トークの内容は、初回のトーク、書類送付用、アポイントを断られたとき用、クロージング後のフォロー用、といった状況を想定して作ったスクリプトを見ながら話します。有望そうな顧客候補を100~200件リストアップし、上から順番にかけていきます。断られても一喜一憂しないことが重要です。

ちなみに、営業職の方は自分の営業の流れ、すなわち初めての電話からお客様に買っていただくまでの流れを書き出したことはあるでしょうか？

ぜひ一度、自分で書き出してみましょう。初めてのアプローチから受注に至るまで、どれだけの期間がかかるのでしょうか？

実はこの流れがしっかりと仕組みとして定義されていると、次の打ち手を〝お客様が思うよりも早く〟準備することができ、お客様から見ても〝頼りになる人〟になれます。

仕事のプロセスを自分で書き出す（会社で用意されていても、複写する気持ちで書き出すと理解度が全く違います）。ぜひやってみてください。

顧客リストの作成・精査は週に1回でいい

先輩やChatGPTに尋ねて、悩む時間を減らそう

次に顧客リストの作成ですが、毎日行う必要性はありません。精査というレベルであれば1週間に1回、2週間に1回、あるいは月1回でいいのですが、若手の場合はPDCA(Plan-Do-Check-Action)をきちんと回したほうがいいので、週1回くらいでしょうか。

ちなみに、伸び悩んでいるときは往々にして、ターゲットが間違っていることがあります。

そのときは営業成績のいい先輩に「こういうターゲットにしているのですが」と相談するといいと思います。「ここは狙わないよ。というのは……」と理由を教えてくれるでしょう。

そうしたアドバイスによって、自分がこれまで気づいていなかったターゲット像が浮かぶかもしれません。

それから顧客リストの作成、これを週1回にするだけで、2時間×4週、合計8時間空きます。

ちなみに、1日8時間働くとして、営業日が1日増える計算です。

「リスト精査なんかに2時間もかからないよ！」と思う人もいるかもしれませんが、実は、僕は新しい商品を立ち上げる際には、2時間どころか1日中考えることがあります。

僕とお客様のクライアント経営者の間でも、「どんなお客様がどんな問題を抱えていて、私たちは何を解決するのか？」の話がメインの話です。実はとても時間のかかることですし、このリスト・ターゲティングの道には終わりがないので、ただ効率化すればいいというわけではないのです。

なお、現場でのリストの精査に2時間かかるということは、おそらくその人は考えているのではなく、**迷っていたり、わからなくて悩んでいたりする時間が大半です。そうやって悩んでいる時間があったとしたら、先輩に尋ねるか、ChatGPTに聞いてみましょう。**

ちなみに**1日に少しずついろいろなことをやるのに向いている人と、切り替えに時間がかかるため、ある程度まとまった作業を一気に行うほうが向いている人とがいます。**週のうち2日はまとめて電話・メール営業、3日は外回りの日、とするのもありなのです。

うまくいきだすと、はじめは明日、明後日の訪問の約束が、やがて「来週のこの日はいかがでしょう?」となってきます。つまり、直近はアポで埋まってしまうということです。トップ営業に近づけば近づくほど、そうなっていきます。

外回りのムダをなくす

費用対効果を考えて、移動時間のムダをなくそう

また、付加価値アップに直結する「外回り営業」でいえば、A君のような30分のアポのために1時間の移動をするといった時間のムダを避けたいところです。Ｇｏｏｇｌｅマップなどのツールを使う、事前のアポイントを取る、近隣の会社をまとめて回ることができるよう、エリアごとにまとめて電話営業を行って、アポの日時を近くに固める……などの工夫が必要です。

「付加価値アップ」に重点を置くなら、それに直接関係のないことには極力時間をかけず、直接関係ある顧客訪問やそれにつながることに時間を割く、という判断を身につけていくことが大切です。

付加価値アップに関係しない時間は極力減らしていくのが基本

改善ポイント②顧客単価やLTVを上げていく

ケース②「高付加価値化」を実践中のBさん

次に紹介するのはBさんです。Bさんは、仕事の効率化を達成し、仕事を高付加価値化し始めています。ここでもAさん同様に仕事内容を書き出して時間の使い方を点検していきます（219ページ参照）。

フォーマット化しており、準備時間が短い点が◎

準備時間が短く、効率的に営業できている

アポ取りも比較的順調で、顧客との面談も一定数こなせています。デジタルツールを使ってアポをセットし、外回り営業を効果的に行い、オンライン営業も効率的に実施しています。顧客リストの精査も、情報の整理とレポート作成の一環として行われており、レポート作成もうまくいっています。そのため、一般的な「デキる営業」という印象です。

このタイプの人は、そもそも一般的な「準備時間」があまり必要ないはずです。理由は、「準備がすでにできているから、準備時間が必要ない」ということです。先方に提案するためのフォーマットも、事前に作成しています。

「フォーマットを作っても、顧客は毎回異なるのでは？」という疑問が浮かぶかもしれませんが、網羅していれば変わりません。なぜなら、自社商品のエビデンスや基本的な説明は必ず必要であり、それをあらかじめ定型フォーマットの中に入れておけば良いのです。

結果として、資料の総数が80枚、90枚になることもあります。しかし、長くなってもお客様が知りたい情報がすべて含まれているので問題ありません。不要な部分は渡す際や見せる

〈Bさん〉1日の時間の使い方

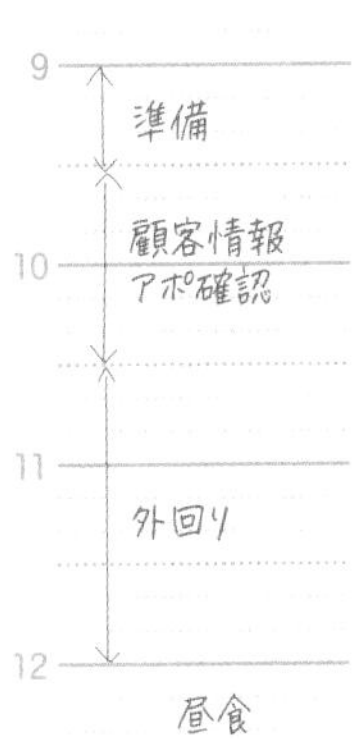

1日のスタート（30分）

デジタルツールを使って
前日のレポートや日程の確認：10分
1日の目標設定とプライオリティの確認：10分
朝の挨拶や短い情報共有：10分

顧客情報の確認とアポイントメントのセット（1時間）

CRMツールを利用して顧客情報の確認と更新：30分
目標顧客へのアポイントメントの確認や調整：30分

外回り営業（3時間）

Googleマップなどのツールを
使用して効率的なルートを計画：15分
アポイントメントをもとに訪問：2.5時間
短い休憩や移動：15分

電話やオンライン営業（1.5時間）

事前リストをもとに電話や
オンラインでのフォローアップ：1.5時間

情報の整理とレポート作成（1.5時間）

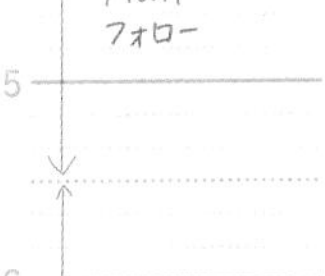

CRMや専用の営業支援
ツールで情報の入力と
アップデート：1時間
1日の活動をまとめて
効率的なデジタル
レポート作成：30分

この作業を営業事務の人などにお願いできると、さらに時間を圧縮できる

自己研鑽とフィードバック（1時間）

営業スキルの向上や新しい方法論の学習：30分
上司やチームとのフィードバックの共有と改善策の検討：30分

その他の業務（15分）

翌日のスケジュール確認や緊急の連絡対応：15分

18 その他

効率よく仕事できていますが、休憩が短い上に残業しているのが残念！　もっと効率化できるハズ

際に削除すれば良いのです。

今後は単価を上げ、LTVを向上させたい

戦略を練り、ひとつ上の顧客を狙う

ここまでできているなら、**次の課題は単価を上げることや「顧客生涯価値（Life Time Value）」を向上させることです。頭文字を取ってLTVと言いますが、これは、1回の取引だけではなく、2回目以降も購入していただくなど、長期の取引で生まれる価値を指します。**

また、単価を上げるためには、単価が高くても喜んで購入してくれる顧客のプロフィールを明確にし、次の顧客となりそうなキャパシティの高い会社を選定し、攻略するための戦略を練ることです。**この「戦略を練る」ことが重要です。**一般的に、単価の高い顧客は決裁に時間がかかるため、単価アップに全振りするのはリスクが伴います。そこで、全体の2割〜3割にとどめて、残りの7割はこれまで通りの成果を上げることが大切です。

情報の整理とレポート作成は営業事務の方に任せるのも一案です。多くのトップセールスはこれらに割く時間を大幅に減らしています。なお、もし部下がいるなら、自分のスキルや仕組みを教えることも重要です。

以上、AさんとBさんを比較して見てきました。僕の感覚ではBさんタイプの営業パーソンは、大手企業では割合が高く、中小企業では上位2、3割程度、小規模企業では上位1割くらいでしょうか。**Aさんタイプの人はBさんを見習い、Bさんタイプの人は現状に満足することなく、単価アップなど、さらなる付加価値の向上を目指していくとよいでしょう。**

お手本になる人を参考にしたり、ひとつ上の目的を持ったりして腕を磨こう

7 「ありがとう」と喜ばれながら、活躍の場が広がり続ける！

仕事の質が上がり、好循環になる

高付加価値化していくと何が起きるかといえば、お客様との接触時間の1回当たりの価値が上がっていきます。

営業職で言えばトークがうまくなり、ニーズの引き出しがうまくなり、商品の付加価値がより伝わるようになった結果、10回に1回しか売れなかったのに2回に1回売れるようになり、1回の商談で10万円の売上から1回の商談で30万円売れるようになる……。こんな感じです。これは、一般的に「技術」、「スキル」と言われることですが、僕はこれらも仕組みと捉えています。**効率化を行い、結果として時間が増え、お客様と関わる時間が増えるこ**

とによって、仕事そのものの質が上がってくる。その質の高まりそのものが、あなたの高付加価値化にも貢献します。

付加価値が高い仕事をしている人は、ずっと選ばれ続けます。

事務仕事こそ仕組み化が欠かせない

ちなみに、僕は、事務仕事をできるだけ手早く済ませます。なぜかというと、正直事務作業が苦手だからです。そして、それ自体に付加価値がない。にもかかわらず、社会のルールでは最も大事という……避けられない仕組みだからです。

お客様との契約手続きは……事務ですね。
お客様との見積もりのやり取りは……事務ですね。
お客様への納品・発送の指示は……事務ですね。
社内の給与業務は……事務ですね。

お客様と話し、お客様に対して貢献している時間、これのみが付加価値につながる、ということは今まで何度も述べてきました。僕自身、いかにその時間を多くすることができるか、ほかの作業をまとめて、さらに高付加価値化を進めていくかに注力しています。

しかし、仕事の成果を確定し、契約を確定し、手続きを確定し、僕たちの給与を払うのはすべて、事務なのです。これらの事務仕事を甘く見て、事務仕事が遅れたら、ミスをしたら……クレームですよね。信頼を失い、失注にもつながります。

しかもこれらを実施してくれているのは、お客様との直接やり取りがない人がしてくれているのです。

そのときに、営業担当が事務の仕事を甘く見たり、事務の人がお客様との契約をただの作業だと考えていたりしたらどうでしょうか？　ミスも起こりますし、何度も書き込まなければならないというお客様にとっても自社にとってもムダなことが残ってしまうのです。

事務仕事だからこそ甘く見ず、徹底的に仕組み化を進めるべきだと僕は思っています。

また、企画職、マネジメントに携わる人なら、商品の企画そのもの、会社組織そのものからのアプローチという要素も加わります。なお、どの職種であっても、若手の方であれば、迷うことなく、空いた時間は「お客様（社員）に対して価値提供する時間」に充てること。それがキーになってきます。

目指したいのは、お客様の成長

突き詰めると、高付加価値な仕事をするということは、「ありがとう」と言われる体験の連続になります。

僕が、今の会社カクシンを立ち上げた際に、最初のお客様がこう言ってくださいました。「わかりました、田尻さん。僕が最初のお客になります」と。そのとき、会社としての実績は何もなく、まったくのゼロからのスタートでした。

しかし、そのお客様はこうも言ってくれたのです。「田尻さんはやるでしょう？　これでもし騙されたとしても、それは僕が悪かったと思いますよ」と。仕組み仕組みと言っている僕ですが、この方は絶対に裏切れないと思ったのを覚えています。

当時の契約は半年で600万円のコンサルティング契約でした。結果として、3年間ご一緒させていただき、一人当たりの生産性を高めながら、順調に拡大をしていただきました。飲食系の企業でしたが、店舗数は増え、離職率は下がり、店長さんたちの自発的な動きも増えました。

僕が、大事にしたいのは、自社（自分）の売上ではなく、お客様が成長した実績、つまり付加価値向上金額です。

「まずは価値を考える」、この価値はお客様の価値を指しています。このような視点を持つことで、結果的に高付加価値な人材となり、収入アップや良いポジションのチャンスを手にすることができるようになっていき、〝仕事ができる人〟として認められていくことになるのです。

CHECK!

「お客様の価値」を徹底して考えることが成果につながる

6章

仕組み化❸

ネガティブから抜け出し、好感度が上がる「言葉の使い方」

人生を上向かせてくれる「言葉の仕組み」がある

言葉の仕組みができていない人
今日はどうぞよろしくお願いします
よろしくお願いします

私たちの商品はこうで…こんなに優れていて…こんな機能があるんです
はぁ…

言葉の仕組みができている人
今日はよろしくお願いします
よろしくお願いします

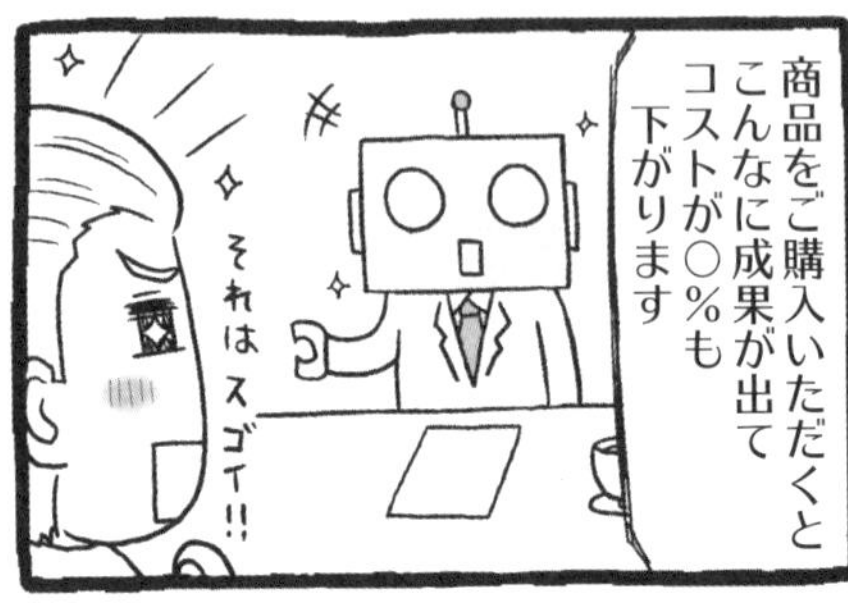

商品をご購入いただくとこんなに成果が出てコストが○%も下がります
それはスゴイ!!

言葉が人生を変えていく

仕事で成果を出したくても「なかなか思うようにいかない」、「否定的な気持ちが生まれてしまう」という人もいると思います。

そのとき目を向けてみたいのが、僕たちがふだん使っている「言葉」です。**日々使っているちょっとした言葉が、僕たちの日々を、人生を、苦しめていることがあります。**

それが、「なんでできないんだろう」「なんで自分はダメなのだろう」「私なんか～」「どうせ～」といった自分を責めたり、可能性を狭めたりする言葉です。

「うんうん、それってよく聞く！　あいつらダメだよね！」と思ったあなた！　１００％といってもいいくらい、あなたも使っているので気をつけてください。

他人が使っている言葉には気づけるのですが、自分が無意識に使っている言葉には気づけないからです。

とくに、「それってよく聞く！」と思っている方は危ないです。なぜかというと……僕の周りにはそんなことを言う人はほぼいないからです。つまり……よく使われたりしない言葉なのです。もし、よく耳にする方は、あなた自身が無意識に使ったり、使われたりする環境にいると思いますので、本章をじっくり読んで、言動を振り返ってみてください。

言葉というのは難しくて、無意識に口から出ているだけで、自覚すらないかもしれません。ともすると、日々の生活の中には、こうしたネガティブな気持ちになる言葉の仕組みが意外と多く潜んでいます。**どうせなら、人生を上向かせるための言葉の仕組みをつくっていきましょう。**本章では仕事や人間関係、人生をより良く変えていく言葉を紹介していきます。

CHECK!

ネガティブな言葉が飛び交う
環境にいる人は要注意！

「相手を主語」にした「利点」を伝える

印象が良くなり、相手が好意的になる

言葉は何のために使うのか？　そう、コミュニケーションのためですね。

では、コミュニケーションは何のためにあるのか？

仕事であれば、「価値を提供して成果を上げるため」でよいと思います。

コミュニケーションは、他者あってのものですが、誰もが自覚しているように、人間関係を構築していくうえで、最も大事なことといっても過言ではありません。

そこで、言葉でコミュニケーションをとる中で最も意識したほうがいいルールがあります。

それは、主語を相手にした利点を、あなたが考えて伝えるということです。

コミュニケーションにおいて「自分主語」でしか語っていない人は、相手に受け入れても

らえません。その結果、「私はいつも、誰からも認められない」と、ネガティブな言葉の仕組みにはまってしまうのです。

これについては、簡単な改善の方法があります。**それは「特長の主語は『私たち』『私』で、利点の主語は『お客様』『相手』にするということです。**仕事でもプライベートでも使えます。

例を出しましょう。営業トークで、「私たちはデジタルトランスフォーメーションの商品を売っています。会ってください」と、自分たちを主語にしては、まず断られます。

では、これならどうでしょう。

「**私たちは、御社の業界に対して、オフィスの自動化を推進しております。すでにいくつもの事例が出ており、御社と同規模同業態の会社様で、コストを年間で1000万円以上削減できるようなプランを実施させていただきました。**説明は15分で済みます。一度御社の状況含めてお話を聞かせていただけませんか？」

印象は全く変わりますよね。そう！　売るものは同じですよ。話を聞いてくださるお客様はグンと増えるはずです。ちなみにこれは、社内の依頼のときも一緒です。

例えば、事務職の方が営業部の効率化を目的としたプロジェクトを実施するとします。このとき「営業部でこのアンケートを書いておいてください」と言うよりも、

「**営業部の効率化、会社全体の効率化を考えておりまして、うまくいけば、これまでの2分の1くらいの入力で進められるようになるかもしれません。**お手数ですが、そのためのアンケートとして、この書類を書いておいてください」

どちらのほうが、ちゃんと書く気になるでしょうか？

どちらも相手が主語になった利点表現に変えただけ。まずはそこから始めてみましょう。

主語を相手にして、利点を伝えよう

「なんで、できないの?」を「どうしたら、できる?」に変える

遅刻したときに聞かれるセリフ

僕たちは、「なんで?」という言葉を意識せずに何度も使っています。

例えば、朝一番の大事な会議に遅刻した人に、上司が「なんで遅れたの?」と聞くことがありますよね。「電車が遅れましてして」「道が混んでいましまして」などと正直に答えると、きっと言われます。「言い訳するな!」と。ありがちなシーンですね。

ここで、「なんで遅れたの?」に対して、理由を答えたら、上司がまず「あ〜、なるほどね。正直に言ってくれてありがとう」と。それに続けて、「で、それって、なんで?」と、軽い感じで続けたら、問題なく会話が続きますが、正直こうしたコミュニケーションが取れている会社は多くはないでしょう。

「なんで」を「どうしたら」と言う

相手を責める「なんで」の仕組みから抜け出すのは、実は簡単なのです。**「なんで」を「どうしたら」に言い換えましょう。** 先ほどの遅刻の例を、もう一度出します。

上司が「どうしたら、遅刻しなかったかな?」と言ったら、会話はどう流れるでしょうか。

部下「もう一本前の電車に乗ればよかったです」
上司「なるほど。どうしたら一本早い電車に乗れるの?」
部下「あと30分早く起きれば」
上司「どうしたら、あと30分早く起きられると思う?」
部下「そうですね、夜30分早く寝れば」
上司「どうやったら、30分早く寝られる?」
部下「テレビを見る時間を短くしようと思います」

上司「どうしたら、寝坊しなくなる？」
部下「今、携帯のアラームで起きていまして。目覚まし時計を買ったほうがいいですかね？」
上司「どう思う？」
部下「買ったほうがいいと思います」

ちなみに、このコミュニケーションはキーエンス時代の僕の実話です。僕の遅刻の理由（言い訳）をひと通り聞いた当時の上司は、「携帯電話のアラームで起きています」と話すと「原因、それだな」と言った、1章でご紹介したあの例ですね。

僕たちは「なんで」を無意識に使ってしまいます。でも、例えば仕事を成果に導くのは、「どうしたら、買いたくなるか？」「どうしたら、お客様に買っていただけるか？」です。だから、

「なんで、できないんだろう」↓「どうしたら、できるだろう」
「なんで、売れないんだろう」↓「どうしたら、買いたくなるだろう」
ぜひこんなふうに言い方を変えてみてください。これにより、発想が変わっていきます！

「質問の質」を変えていこう

僕の好きな言葉に〝質問の質が人生の質〟という言葉があります。

「なんで、できないんだろう？」という言葉を聞けば、誰だって（もちろん僕も）できない理由を考えてしまいます。それが質問の力ですから。

うっかり「なんで？」と思ってしまうと、「資料が微妙だから？」「会社の仕組みが悪いから？」「僕のトークが下手だから？」「僕にはセンスがないから？」「僕が若いから？」などなど、うまくいかない理由など、出そうと思ったらいくらでも出せます。

でも同じように、うまくいく理由だってたくさんあるはずなんです。

できない理由に対して、「どうしたら、どのように考えたら、できるようになるだろうか？」と考えてみましょう。例えば、

・「会社の資料が微妙だから？」→「僕が作ったらいい！　そしたらエースだ！」

・「会社の仕組みが悪いから？」↓「僕がいい仕組みをつくったらいい！　そしたらやっぱりエースだ！」

・「僕のトークが下手だから？」↓「エースの先輩のトークを徹底的に学ぼう！　そしたら2番手まではいけるぞ」

・「僕にはセンスがないから？」↓「エースの先輩のやってることを徹底的に実践しよう！」

・「僕が若いから？」↓「若いからこそできることで価値をつくろう。先輩たちはプライドや貫禄が邪魔してできないことが僕にはできる」

こんなふうに、**「なんで」が出そうになったら「どうしたら」に置き換え、その答えを出す。**新しい「言葉のループの仕組み」を身につけてください。

CHECK!

ポジティブな「言葉のループの仕組み」を身につけよう！

「Why（なんで）＋What（何を）」で、成功の秘訣を聞く

特長の主語は「私」、利点の主語は「相手」

ポジティブな「なんで」についても語っておきます。

安心して使える「なんで」は、褒めるときです。例えば、「なんでそんな仕事ができるんですか？」と聞かれたら、相手は悪い気がしないものです。**「なんで」＋「褒め」のパターンは、聞かれた人にとって輝きのある話になっていきます。**

僕がよく使うのは、「なんで」（Ｗｈｙ）で聞いたあとに、「何が」（Ｗｈａｔ）で範囲を狭めていく方法です。

例えば、あなたが営業担当者で、クライアントである企業経営者と話しているとします。

「この事業は、なんで、こんなにうまくいっているんですか？」

と聞けば「それはね」と話してくれるはずです。もし途中で「この辺は、結構頑張ったね」といった話が出てきたら、こう聞きます。

「具体的に、何が成功の要因、お客様の買う決め手だったんですか？」

成功の要因はフワッとしているものです。**「なんで」とWhyで聞いたあとに、「何が」とWhatで具体的に聞いていく。**これは、営業トークや仕事上のコミュニケーションでも役立つので、ぜひ試してみてください。

ちなみに僕がこの質問をお客様にするのは、その答えを知りたいからではありません。それは副次的な効果です。**その質問を聞いて、お客様の頭がポジティブになり、自分で自分の成功を言語化してもらうためです。それが一番の目的です。**この目的設定も大事なので押さえておいてください。

CHECK!

ポジティブな「なんで？」の問いで、言語化しやすくなる

5 モチベーションが上がる言葉を使おう

お客様の商品やサービスを褒める

言葉は、人のモチベーションにも大きく作用します。

僕は多くの営業パーソンと会いますが、その人が日々している商品提供に関しての価値を褒めまくります。「なんて素晴らしい事業を行っているんですか！」と。

実は裏には理由がありまして、今（２０２４年）は、原価高、円安、低賃金といったことがメディアで騒がれ、日本の人たちの多くが弱気になっていると思っています。そうなってくると、自分の行っている事業や商品にも自信がなくなってしまう。

ある大手旅行会社の社員さんが「僕たち……頑張っていいんですかね」と僕に聞いたんです。「当たり前じゃないですか！　これからの日本の復興を支える最大の要素の一つがイ

ンバウンド需要です。その需要に対して適切な価値提供をしていくための最大の窓口の一つが御社じゃないですか！　むしろ御社、○○さんが頑張らなくて誰が頑張るのかってくらい大切な仕事ですよ‼」

ちょっと興奮気味に僕はお伝えしたのですが、思いが通じてくださったようで、そのあとの顔つきや行動が全く変わられたのを覚えています。

営業活動においては、次のように重要な「5つの確信」というものがあります。

①**「会社に対する確信」**…自分の会社は世の中に貢献している、素晴らしい会社なのか？

②**「職業に対する確信」**…営業という職は世の中の役に立っているのか？

③**「商品に対する確信」**…この商品はお客様の役に立つだろうか？

④**「自分に対する確信」**…私はお客様の役に立てるのか？

⑤**「顧客成功の確信」**…お客様は本当に成功するだろうか？

これら5つに「ＹＥＳ」と言えているとき、営業担当者は輝きます。**僕は、その営業担当**

や経営者が扱っている商品が、その会社のお客様に対してどんな価値を与えているのかについて、とにかく承認します。

例えば、あるキャスターを製造・販売している会社がありました。キャリーケースの下についている、あのキャスターです。この会社の方が僕に質問してくれたんです。

「私たちのキャスター、一番安いのが今一番売れているんですが、どうにか一番高いのを売りたいんです。ただ、価格差が約2倍あって、とても静かではあるんですが、お客様はその価値を認めてくれなくて……」

そこで僕は、そのキャスターの動画を見せていただいた後に、こうお伝えしました。

「え、すごくいいじゃないですか。こんなに静かなんですね！　これだったら百貨店でキャリーを引いたときに、スーって動くでしょう？　高級キャリーだったら普通に1万円くらい価格をアップできますよ。『そのキャリー、すごくスーって動くね!!』と周りから言われるほうが嬉しいですよ。ビジネス用だとわかりませんが、百貨店で買う人たちなら、かっこいいと言われるために、普通に1万円アップくらいはいけるでしょう……あれ、これ1個いくらアップでしたっけ？」

「60円アップです」

「キャスター4つつけても240円、240円で1万円単価アップ！　そして買ってくれたユーザーさんもかっこいい、スマートと言われて喜ぶ！　すごくいい仕事じゃないですか」

その会社さんは、たった2カ月と10日の講座期間で、それまでより売上を10億円プラスにして、次の工場を建てるそうです。

具体的に褒めていくことで、相手は、まんざらでもなくなってきます。その気になり、やる気になり、本気になってもらう。その中で、自分たちの仕事についての自己効力感が上がっていきます。こうしたやりとりを自社でも外でもやってみてください。あなたの周囲に、ポジティブな言葉の仕組みが生まれていきます。

人と話すときは、やる気や自信が湧くような言葉を使おう

「否定モード」から脱する方法

別の視点を持ってもらう

私たちの意識と行動は、言葉の影響を大きく受けています。例えば自己否定モードに入った人は、自分の価値や能力を低く見て、「私のせい」と決めつけてしまいがちです。

ここでは、仕事のシーンでありがちな否定的なつぶやきの例とともに、僕が上司だったらどんな声がけをするか、お伝えしていきます（なお、すでに部下と信頼関係があることが前提ですので、ご注意ください）。

なお、これらのつぶやきは、うまくいかないときなど、誰もが感じる思いかもしれません。落ち込んでいるとき、事態を冷静に捉え直すきっかけにしてみてください。

①「また失敗した。私って本当にダメだ……」

「なるほど。私って本当にダメだって思ってるんだね。まずはその気持ちを受け止めようか、落ち着いてから失敗の原因をちゃんと探ろう。

（……1分ほど時間を空けて……）

うん、じゃあ、今回の仕事での計画を見せて……え、あんまり計画してなかった？

それはプランニング能力の問題だね。ちゃんと学ぼうか」

POINT

本当の問題は、仕事のプランニング能力とその細かさと実行力の問題になるのですが、本人は失敗してお客様から苦言を呈されたり、失注したという事実に落ち込みます。「落ち込んでいる感情」と、「実際に直すべき仕組み」との切り分けが必要です。

②「どうせ、私にはできないんですよ」

「なるほど、自分にはできないと思ってるんだね。ちなみに、なぜそう思うの？
……なるほど、目標の立て方と達成の方法がわかってないんだね。
それはあなたのせいではなく、目標設定スキルの問題です。今からやってみようか」

POINT

この言葉の裏には、何があるのでしょうか？　おそらく「自己否定での諦め」や「失敗体験への恐怖」といった感情があります。ここには寄り添ってあげないと前には進みません。なお、こうした話し合いを通じて、一旦解決した後であっても、まだできる気がしない人は多いです。そのときは、仕事の基本である「目標の立て方」「達成の方法」「タスク管理」といったスキル面について学ぶ機会をつくるようにします。

③「私、全然ダメなんです」

「今は他の人と比べているんだね。何のために他の人と比べているの？　なるほど、他の人から見てあなたが大事だというように見られたいんだね。だとすると、比較するのではなく、自分自身の現状と求められている期待を言語化しよう」

POINT

「私、全然ダメなんです」という言葉の裏には、他人との比較や自己否定の感情が隠れています。これを解消するためには、まずその感情を受け止めることが重要です。そして、自分自身の現状を把握し、求められている期待を具体的に言葉にすることで、他人と比較するのではなく、自分自身の「成長」や「目標」に焦点を当てるように導きます。

④「私の意見なんて、誰も興味ないと思います」

「ほう、なんでそう思うの？（意見を聴く）なるほど、そのあなたの意見は素晴らしい。でも、人が興味を持つような伝え方の『仕組み』を知らないだけなんだね。スキルの問題と捉えて、伝わるように変えてみようか」

POINT

この言葉の背後には、「自分の意見が価値がない」と思い込んでいる感情があります。まずは、その感情に共感し、なぜそう感じているのかを理解することが必要です。そして、意見の伝え方の技術を学ぶことで、自信を持って自分の意見を発信できるように指導します。これは、スキルの問題として捉え、具体的な改善方法を提供することが重要です。

⑤「私は常に〜」、「私は絶対に〜」

「本当に……常に？　本当に……絶対に？『常に〜』『絶対に〜』これをする（しない）、と自分の行動を決めるのは本人の自由です。ただ、あなたは自分の言葉で自分の行動を制限している。それはもったいないと思いますよ」

POINT

「常に〜」「絶対に〜」という言葉は、自分を縛る強い決意や思い込みを表します。これが行動を制限し、成長の機会を逃す原因になることもあります。まずはその言葉の意味を見つめ直し、柔軟な思考を持つことの重要性を伝えます。自分自身の行動を決める自由はあるものの、自己制限をしないようにするための考え方の変換を促します。

ここで重要なのは「自己認識」です。全て自分のせいにし、ネガティブな言葉を口にして、その言葉に縛られていることに気づかないのが一番の問題です。**自己否定モードに入ったときは、ネガティブな言葉がどんどん浮かんできます。そんなときは、客観的に捉え直して修正していきましょう。**「自分ではできない」と思う人は、周りの人に尋ねてみるのもおすすめです。

CHECK!

自己否定モードから抜け出すために、客観的な事実を見て、修正点を探そう

7 やはり「自己肯定感」は大事！

僕は長いこと、自己効力感だけでしのいでいた

自分で自分を肯定できるのが自己肯定、自分が誰かの役に立つことによって、「貢献できている、だから大丈夫」と思えることが自己効力。

この2つは似て非なるものです。そして、自己肯定できないまま、自己効力感だけで仕事をしていると、役立てなくなったときに自分がポキンと折れてしまいます。

僕はキーエンスを4年で退職し、ビジネスを立ち上げました。他の著書にも書いていますが、実はそれがうまくいかず、購入したマンションを売却し、「家なし、職なし、家族あり」

の状態に追い込まれたことがありました。

僕はそのとき血迷っていました。状況は悪いほうへと向かっているのに「うまくいっている」と思い込むようにしたのです。「本当はうまくいっていない」自分を認めたくないからです。

理由は簡単です。「それを認めたら、もう自分が終わる」と思っていたから。つまり自分で自分を肯定できていない……。「できない自分は自分ではない」と自己否定をしていたのです。その代わりに、かりそめの自己効力感でなんとかもちこたえていたのです。

遡れば、僕はキーエンスにいるときも、その後独立したときも、自己肯定できずに、自己効力感だけで自分を保っていました。うまくいっているときはそれでもやれます。しかし、辛い状態が続くと、自己効力感が消えていくのがわかるのです。

「どういうことだ、僕のやり方ではみんな動かない、成果も出ない……。そんな状況を自己効力感だけで支えていて、それすらなくなったら、僕に何も残らないじゃないか」と。だから、決して認めることができないのです。

内観で気づいた無償の愛

それを正直に認め、僕が自己肯定感を得た経験があります。

ここでお話しするのは、人生の師匠、アルビオンアート代表取締役の有川一三さんの紹介で、三重の専光坊というお寺に内観修行に行ったときのことです。そこは五百年以上の歴史を持つ、国際的な修行道場です。

1日目は朝5時より始まり、僕はそこで4日間過ごしました。規則正しい生活を行い、目隠しをして、ひたすらいくつかの問いと向き合います。例えば母や父との関係についての問いもありました。それを0歳から3歳、3歳から5歳というように3年ずつぐらいで区切って、しっかりと向き合いました。

そんなふうに振り返れば、していただいたことの何と多いことか。そして、僕が何をしても、両親は受け入れてくれたではないか、と。それに対して僕が返したことなど、ほとんど何もありません。

僕自身が生きているということが、愛そのものなんだと気づいたときでした。

僕は実は長い間、親にわだかまりを持っていました。家は経済的に恵まれていなかったし、そのほかにも理由がいくつもありました。でもそうしたことは、膨大な「していただいたこと」の前に、消えていきました。

4日間、涙が止まりませんでした。そして、できない自分ですらも自分であり、そんなできない自分（赤ちゃんから今まで）を愛してくれた人がいたという事実から、自分を肯定する感覚が湧き上がってきました。僕が長い間いただいていた、無償の愛にしっかりと気がついたのです。

この自己肯定感は「僕には、僕を裏切らない人がこんなにいたじゃないか」という気づきから得られたのかもしれません。

僕はどん底で、それまでの人生で得ることができなかった自己肯定感を得ました。底に落ちていくという感覚は、ピタリと止まりました。

そこからもう、本当にがむしゃらに走り始めました。それが２０１３年、11年前のことでした。

大切な人の自己肯定感を高めよう

繰り返すようですが、自己効力感だけで自分を保つことはできません。**もし自己肯定できていないなら、そこから始めてみましょう。方法としては、７章で述べる「クリアリング」もとても役に立つでしょう。**

他者の力を借りたいなら、僕のように、自分を顧みることのできる環境に、身を投じてみるのもいいかもしれません。

そして、あなた自身が、周りの人の自己肯定感を高めることも大切です。**ぜひ、大切な人に対して、「あなたは大切な存在だよ」という肯定的なメッセージを伝え続けてみてください。**

仮にその言葉が言いにくかったとしたら……もしかしたらご自身が自己肯定できないため

に、その言葉を遮っているのかもしれません。

僕が営業パーソンをすごく褒めるというのも、自己肯定感や自己効力感を高めてほしいからです。僕は特にその人自身が気づいていないことを承認します。**自分を肯定できる自己肯定感は、「自分が誰かに貢献できている、だから大丈夫」と思える自己効力感とともに、人に自信を与え、安定させます。**この2つを得ることで、どんな人も元気になり、より生き生きと働くことができるのだと思います。

自己効力感と自己肯定感、どちらも備わると最強になる!

7章

仕組み化❹

爆発的にあなたの価値が高まる習慣

1

クリアリングをしよう

あれもやらなきゃ　これもやらなきゃ　あ　次の支払いいつだっけ　あれ？　今日のお客様への返信は何時までに…

ぐちゃ〜

金欠だし…

部屋がぐちゃぐちゃ…

カラ…

何より　まず!!
クリアリングです！
クリア
リング

モノ・お金・仕事・人の4つをクリアにすることで成果が出やすくなりマスヨ
モノ
→掃除、断捨離
お金
→流れを管理
仕事
やることをリスト化
人
感謝を伝える
縁を切る
ぐちゃぐちゃな場は、成果が避けていっちゃいますよ
おー

よし！　クリアリングするぞー!!
断捨離
ヒョイ
ヒョイ
支出
収入
カタカタ
家計簿をつける

価値提供する場はたくさんある

気が滅入ったときは、つい楽なほうに流れる、諦める、元気がない、そんな行動を取らされている人が増えていると感じます。そんな中、

「成果は起きたがっている」

僕にコーチングしてくれているコーチがそう教えてくれました。

全ての会社は生産性を向上させたいですし、経営者はできれば従業員の給料を高くしたい、従業員に笑顔でいてほしいと願っています。

見方を変えれば、付加価値を提供する場はたくさんあるということです。

そう、**本来、成果、価値は起きたがっています。**

そんな「起きたがっている成果」を止めているのは、常に自分自身です。

自分の内に様々な不安を抱えていると、自信がなくなり、全てに消極的になっていきます。

買いたいと思っているお客様に、正しく情報が伝わらなかったり、不運な感じがするから避

けられたりと本当にいいことがありません。
僕自身にも経験がありますが、こうした状態のときはお客様が求めているニーズにも気づけなくなり、価値提供できなくなってしまいます。
こうした状態を改善するために提案したいのが、今からお話しするクリアリングです。

4つをクリアリングしよう!

クリアリングとは、文字通り、不要な物や障害となる物をきれいにクリアにすること。ここでは、「モノ」「金」「仕事」「人」の4つをクリアリングする方法についてお話しします。

この方法は、僕が定期的にコーチングを受けている佐々木未穂さんから教えていただきました。佐々木さんは非常に高名なクライアントを多く持ち、「ビジネスの桁を変える」のを得意としています。僕自身も、この方との出会いが大きな転機になりました。

ぜひ本章を読んで、一つずつ問題をクリアにしていってください。

モノの掃除・仕事の明確化・お金の明確化・人との完了など、一つひとつこなしていくと、実は、身の回りの環境が、僕たちの気を滅入らせている仕組みだと気づきます。

気が滅入った状態のままだと、全てが消極的になりがちです。

例えば営業職の場合、お客様と話すらできずに商品を届けて終わり、となりかねませんし、もちろん電話をかけるのもはばかられます。

「なぜかうまくいかない。気が滅入る」と思ったら、まずはこれからお伝えするクリアリングを行ってください。

クリアリングすることで、爆発的にあなたの価値を高めていくことができます。

では、次項から詳しくお話ししていきます。

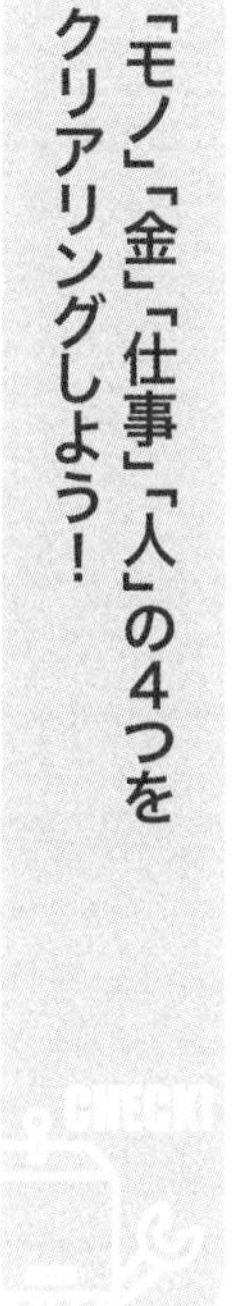

2 あなたの価値を最高に高めるために ～ピットイン～

クリアな場に成果は起きる

成果はクリアな場に起こります。せっかくの成果を逃さないためにきれいな場にしておきましょう。では、具体的なクリアリングの方法についてお話ししていきます。

モノをクリアにする

モノのクリアは簡単です。いわゆる「断捨離」です。成果を上げている人は、机の上がきれいです。乱雑に見えているようでも、置き方に法則性があったりします。パソコンのデスクトップも同様で、目当てのフォルダがすぐ探せるような「仕組み」を整えています。

一方、成果が出ていない人の部屋は、非常に乱雑なはずです。デスク周りが汚い場合、一旦掃除するのがおすすめです。不要なものに囲まれている人には、きれいなものは見えません。きれいな状態がわかっていない人は、お客様の問題も見えなくなっています。

自己啓発系の本に「トイレ掃除をしましょう」と書かれていたりしますが、実はこれはとても重要なことなのです。簡単にいえば、汚い場所に慣れている人には、きれいなものが見えません。

お客様と話をしていても、感情の機微やお客様のオフィスの問題に気づく力も薄れてしまうのです。

まず、自分の身の回りのモノを整えることが先決です。実際に僕のクライアントが、僕のコンサルティングセッションを受けるときに、経営陣も含めてそわそわしている雰囲気が見えました。

僕はそれにふと気がついて、このクリアリングの話をしました。全員目が覚めたような振る舞いをしたので、「今から30分取るので、自分が思うようにモノのクリアリング（掃除）をしてください」

と伝えました。30分後に戻ってきた皆さんの顔は清々しく、その後のセッションでは素晴らしいアイデアとアクションプランが出ていました。ちなみにこの会社の年商は2年前が数十億円から、今、百数十億円まで激増しています。

ちなみにどれくらいクリアにすればいいのかですが……今日1日使うものがわかるくらいまでです。「いつか使うかも」「いつか見るかも」「今月末には」……といったようなものは、捨ててしまうか、見えない場所に置いて蓋をしておきましょう。

片付けの方法はたくさん出ているので、方法論はそれで学んでいただくとして、**重要なことは、今に集中できること。**目の前の人、目の前の仕事に集中できるくらいまできれいにしてみてください。

お金をクリアにする

物をクリアにして、清々しい気持ちになったら、次はお金をクリアにします。

人の悩みの上位は「お金のこと」です。例えば、向こう3年間、一切のお金の心配はないとしたら、とりあえず仕事を頑張れると思いませんか？

しかし、多くの人は「来月の生活費、大丈夫かな」と考えていたりする。その理由の多くは、自分のお金の流れを把握できていないからです。そんな状態のときに仕事をしても、心配に気を取られて、行動を止めてしまうことになります。

そこで、いつお金が入ってきて、いつお金が出ていくのか、簡単な家計簿のようなものに記録して、**「普通の生活をしていたら、とりあえず問題はなさそうだ」という状態をつくります。**それによって、仕事にも集中できるようになるのです。

仕事をクリアにする

仕事のクリアリングができていない人は見ていてわかります。**整理がつかない状態のため、どの仕事にも集中できません。**つまり、「あれもやらなきゃ、これもやらなきゃ、ああ～～～」という状態で、集中できていないんですね。

これにはまさに「仕組み化」が大切です。**まずは、30分ほど時間を取って、やるべきことを全てリストアップします。**あれもやらなきゃ、これもやらなきゃと思っている人こそ、ぜひこの時間を取ってみてください。意外と10個くらいに収まります。間違っても100個はありません。

そして、**それらの仕事リストに「いつやるのか」を全部決めて、スケジュールに振り分けます。それで、〝今〟は余計な心配をしないで済みます。**

先ほど、やるべきことは100個はないといったのですが、僕自身はやるべきことが

100個を超えて存在しています。ただ、僕の予定に全部転写されているため、僕は今の仕事に集中することができます。もちろんコンサルティングセッション中はクライアント企業に集中しています。

このように仕事をクリアにすることで、今に集中できます。こうすることで、お客様も、「自分に寄り添ってくれている」と感じてくれます。他のことを心配し、上の空の人と、いろいろ話したい……とは思わないですよね。

だからこそ、仕事を明確にすることはとても大切なのです。

人をクリアにする

最後の「人」をクリアにする、最も簡単で、同時に最も難しいことです。

佐々木さんは、僕に「心の未完了を探すの」と教えてくれたのですが、僕のように仕組みで考える人間からすると、いくつかのパターンで考えてしまいます。

まず、「ありがとう」と言わなければならない人には「ありがとう」と言う。言っていなかったことを思い出したら、すぐに言う。「ごめんなさい」についても同様です。

人に対して曖昧にしてきたことについて、あなたが「曖昧でいい」と納得しているならそのままでかまいません。それは、もう完了していることです。

でも、自分の中でモヤモヤしていることに関しては、相手にきちんと伝えるべきことです。例えば、「あなたとはこれ以上一緒にいたくない」と言うべき人には、それも伝えます。

モヤモヤをクリアにできている人には、お客様がスッと近づいてきて話しかけてくれる状態になります。逆にモヤモヤが募っている人には、同じようにモヤモヤが募っている人が集まります。

「人のクリアリング」＝「自分自身の心のクリアリング」と言っても過言ではありません。

自分の心に向き合うのは難しいのですが、実はその鏡があなたの付き合っている人たちとの関係性の中に現れるのです。

僕はこうして、足かせを外した

僕の場合、最後の「人への完了」ができていませんでした。「ありがとう」や「ごめんなさい」「あなたとは一緒にいたくない」と言うべき人に、それを言っていませんでした。そのことで、ずっと心のわだかまりが残り続けるのです。**僕の場合は、6章で紹介した禅寺での4日間の内観をはじめとした経験で、身近な人への感謝を実感し、自己肯定感を得ました。**それを足掛かりにしながら、僕は「人への完了」をしました。

多くの人は、小さな「足かせ」があって引っ張られている状態です。それがあると、どうしても目の前のことに集中できず、仕事に身が入らない状態に陥ります。**その足かせをなくしていくことで、次の「あなたの人生にとって、価値あることを仕組みで判断する」に進むことができるのです。**

CHECK!

未完了なことを終わらせ、身軽になろう！

人生にとって、価値あることを優先しよう

判断基準は「自分にとって価値があるもの」

仕事上はもちろん、生きていく上で足かせとなるものを、「クリアリング」でどんどんクリアにしていくことができます。この足かせとなるものは、日々の中で、「仕組み」のように気を滅入らせます。だからこそ、クリアにしていくのです。

心がクリアになれば、穏やかになり、頭が冴えた状態を保てるように、いわばそうなるように、（気が滅入る状況をなくすように）、毎日を「仕組み化」していくわけです。

そして、仕事で、「役に立っていること」、「役に立っていないこと」を分け、ムダなことはできるだけやめます。

判断の基準は「自分にとっての価値あるもの」です。

例えば、「ちゃんと仕事がうまくいく相手」かどうか。「ちゃんとお金も稼げる」かどうか。「仕事そのものもうまくいく」方向かどうか。「誰かの役に立っている」価値ある仕事であるかどうか。このように自分の持つ選択肢から、最適なものを選んでいきましょう。

誰の意見を聞くといい?

なお、最適なものを選んでいく際、誰かの意見を聞きたくなったら、どうしたらいいのか?

僕は転職・独立の相談をよくされます。いろいろ聞いたうえで「やりたいんだな」と思ったら、**結婚している人なら、パートナーと話したかどうか聞きます。**「まだなんです」と言われたら、「まずそこから」と。

生活を共にしている配偶者との間の不安を解消しておかないと、不安というものはお互いに伝染するものです。でもパートナーが理解し、「大丈夫だよ」と言ってくれたら、たとえうまくいかない状態になっても心強いんです。

特に**その決定に自己肯定感が重要なケースには、相談相手は配偶者、独身の場合は年齢にもよりますが、親というところでしょうか。**

やれるかどうかの不安、自己効力感に関することであれば、あなたの仕事能力を判断できる、信頼できる上司に相談するのがいいと思います。

逆に、**相談してはいけない相手は、遊び友だちのような軽い間柄の人です。**その人はあなたの人生に責任を持ってはくれないはずです。配偶者のような、連帯責任を負うような役割の人、あるいは、そのことを判断できるぐらい優れた人がいいでしょう。人生を懸けた選択、といった場合は、それなりのフィーを払ってプロのコーチに依頼する方法もあります。

ちなみに、大切な人に反対されたとしたら、どうすればいいでしょうか?

そのときこそが本当の自分と向き合うチャンスです。決して反対した大切な人を責めたり、その人のせいにしないでください。ただ、あなたを心配して言っているだけですから。あなたがそこですんなり諦めるなら、もちろん独立も転職もしないほうがいいと思います。

CHECK!

人生を左右する相談は、適切な相手を選んでしょう

4 この「振り返り」でうまくいったことが再現できる！

振り返りをしない、成功者はいない！

そして、クリアリングができたら、いよいよ、さまざまな仕組みを実行に移していきます。

ここで大切なのが、ここから述べていく「振り返り」の仕組みです。

僕が知る限り、事業が順調な経営者の方、トップセールス、トップマーケッターといった方々で、「振り返り」をしていない人はいません。

成功者の中には、「過去は見ない」と公言している方もいます。でも、そうした方々の行動をよく見ると、例えば3カ月前から現在までの「何が良かったのか」、「何が悪かったのか」、「成功の要因」、「失敗の要因」を一つひとつ分析して、自分の中にストックしています。なんなら毎日見ている人も少なくありません。

その結果、「過去は見ない＝もう学んだから」と言える。これはまさに、本書で言う「振り返り」なのです。

「うまくいっていること」、「うまくいっていないこと」を切り分ける

「振り返り」でまずすべきことは、「うまくいっていること」と「うまくいっていないこと」の切り分けです。

講演会などで、「うまくいっていると思う人！」と尋ねると、だいたい「うまくいっている人」が2割で、「うまくいっていない人」が8割程度となります。

でも、うまくいっているに手を挙げた人は本当に全部うまくいっていて、そうでない人は本当に全部うまくいっていないのでしょうか？

そんなことは……ありえませんよね。

うまくいかない日々の中にも、いいことはあるし、うまくいっている中にも、うまくいっていないことは必ずある。**両者は、常に同時に起きているものです。**

重要なのは、それらを**きっちりと切り分け**、

- **「うまくいっていること」を再現性ある仕組みにする**
- **「うまくいっていないこと」は起こさないような仕組みにする**

ことなのです。

「うまくいっていること」を再現性ある仕組みにする

「うまくいっていること」の再現性がなぜ重要か。そもそも「うまくいっていること」にフォーカスを当てて、再現性を持たせている人が少ないからです。

日本の中では多くの人が「失敗しないようにする」ということは意識したり、仕組みにしたりするのですが、うまくいっていることを再現可能にはしていないのです。

今まで述べてきたように、**まずはうまくいく方法を見つけ、それに再現性を持たせれば、あなた自身、高い成果も評価も得ることができます。**

それを仕組みにすることができ、みんなに使ってもらえたら、100人の組織なら100倍、1万人の組織なら1万倍の成果が達成できるからです。

ちなみに「そんなに多くの人に展開などできないんじゃないか？」と思うかもしれませんが……こうした成功例はあなたの周りに溢れています。

なぜなら、ここでお話ししていることは、営業の再現性のように思えるかもしれませんが、商品の価値だって再現性なんです。Aという方に幸せになってもらえた、喜んでもらえた。その再現性を高める仕組みをつくれば、どんどん成功は広がっていきます。

うまくいったことの再現性をつくることは、気づきにくいだけで、実は一般的な考え方だということを覚えておいてほしいと思います。

そして、**あなたが自身の成功の仕組みを組織に展開すれば、あなたが評価されるのはもちろん、組織に対する絶大な貢献になります。**

「そんなことをしたら損じゃないか？」と思う人がいるかもしれませんが、経営層はそれを望んでいますし、経営層以外でここを理解している人は少ないので、「うまくいっていること」の再現が、どれほど評価されることなのかは、頭に入れておいてください。

ここでも、営業を例に述べていきます。

ある営業の人がこんなことを言っていました。

「ひょんなことから、先方の部長様にアポイントが取れて、気に入ってもらえたんです。そこから、トライアルが始まって、今では大きな案件になりました」

さて、あなたはこれを読んだときどう思うでしょうか？

「いや〜棚から牡丹餅の偶然ですね」と捉えるか、「何か秘訣がある！」と捉えるか。

今回の例を少し深掘りしていきましょう。

その、大きな案件になったという結果は**「なぜ」起きたのでしょうか？**

この営業の人は、「ひょんなこと」と言っていました。

「そのひょんなことって何ですか？」

と伺うと、「先方の部長から電話が来たんです」と。

なるほど、これは偶然の可能性もあります（もちろん必然の可能性も）。

しかし、そのあと、この営業の人は「気に入られて、受注」しています。この気に入られた要因と、**受注の要因は、なぜなのかを深堀りしなければなりません。**そこで、

田尻「なんで気に入られたんですか？」
営業「いや、普通に回答しただけなんです。できますよって」
田尻「……ちなみに、その回答いつ出しました？」
営業「え？　**もちろんその日中に……**」
田尻「なるほど、ちなみに、そのプロジェクトはいつから始めたんですか？」
営業「**その週末には始めましたかね……**」

あなたは、この営業がなぜ気に入られたかが、わかったでしょうか？　**そうです。スピードですね。そして営業および会社としての対応力。**これがあったからこそ、「どこに聞いても、できない、わからない、調べるのに時間がかかる！」と言われてイライラしていた先方の部長様は、「この営業と会社はデキる!!」と思ったのでしょう。

決して、ひょんなことでも、普通のことでもなく、**特別なことで気に入られていたんです。**

こんな例はたくさんあります。あなたも、あなたの会社も気づいていない、うまくいっている秘訣がたくさん眠っているはずですので、ぜひ探してみてください。

結果につながった「なぜ」を言語化、理論化する

思い当たる理由を挙げていけば、みんなが同じように努力するなかで、**結果につながった「なぜ」が絶対にあるのです。その「なぜ」を言語化、理論化しなければ、再現性を高める仕組み化はできません。**

「教育の五段階」というのがあります。これは、人は、「知る」↓「わかる」↓「行う」↓「できる」↓「教える」という5つの段階を踏んで、教えることができるようになる、というものです。そして「できる」↓「教える」のところでは、前に述べた「なぜ」を言語化、理論化することがどうしても必要になります。そうでないと人には伝わらない。

もう一つ「なぜ」が重要なのは、ここが明らかにならないと、そもそも自分でも再現できないからです。「理由はわかりません」では、自分も周りも再現できない。

さて、この「なぜ」を突き詰めて振り返った際に、先ほどの例では、「そうだ、私はこのタイミングで、優先順位を上げて、即対応すれば、気に入られる可能性高いぞ‼」と気づいたとします。

ちなみに「即対応」は、トップセールスの基本と言われます。〝トップ〟セールスの基本なのです。だから普通のセールスは大体できていません。この基本はしっかりと意識してみてください。即対応を実行しようとすればわかります……いかに日々の準備が大切かを。

「教える」と「仕組み化」は同時に考える

「なぜ」がはっきりしたら、次は「再現」です。 まず、自分で再現することで、あなたの成果は向上していきます。

ただ、それを周囲に「教える」には時間かかります。「教えるのと仕組み化、どちらが難しいですか？」と聞かれると、「どちらも難しいので、複合がいいですよ」とよくお話しします。

全部教えるには、とても時間がかかる。全部仕組みで解決するのも難しすぎる。だからこそ、教えると仕組み化は同時に考えるとよいでしょう。

例えば、アポイントを取るのを再現可能にするにしても、「お客様への価値を伝えよう！」という教育だけでは、なかなかみんなできません。トークスクリプトという仕組みだけでは、棒読みになってしまい成果が上がりません。

トークスクリプトという仕組みと、それをどう読むかの教育、そして例外が起こったときの対処法への教育までを同時にしておけば、再現可能性はとても上がるでしょう。

これで「再現」ができました。

もちろん、アポが取れたからといって、売れるかどうかはわかりません。しかし、同じように、買っていただくところまでを再現可能にできるパターンがあるのです。

期間を区切って、検証していく

月に一度、3カ月に一度など、期間を切って検証し、「うまくいってること」はもっとやる、「うまくいってないこと」はしないようにする、そして失敗の原因を突き止め、同じパターンに陥らないための「仕組み」をつくります。

正直、このやり方ができている人は、日本の中のほんの一握りの人たちです。それを組織として行っているのは、さらに一握りの組織だと思います。しかし、価値の再現性を目指して繰り返していくことは、価値ある努力になっていきます。

この価値ある努力を、あなたが、あなたの組織が仕組み化できるように、本書がそのためのきっかけになること――その気になって、やる気になって、本気になること――を祈っています。

価値ある努力で、仕組み化していけば結果が出る！

僕はキーエンスに入社後、4年で退職し、ビジネスを立ち上げようとしました。当時は全くうまくいかず、購入していたマンションを売却し、「家なし、職なし、家族あり」の状態になってしまいました。

その後、知人の経営者に拾っていただき、無職の状態からは何とか抜け出せました。

しかし、かつてキーエンスでしていた高効率、高付加価値の仕事と、そのときの状況には大きな差がありました。

「なんでこんなことに……」

過去と比較し、いつも心にはネガティブな想いがありました。

ちなみに……そんなときに、僕が吐いてしまった、吐いてはいけない最悪の言葉は、何だと思いますか？

それは「お金が欲しい」です。

本書では、「まず、お客様に価値を提供する。その対価として売上（お金）が入ってくる」という話をしています。これが「お金が入ってくる仕組み」です。**絶対に、価値提供が先なのです。**

ところが当時の僕は「お金が欲しい、お金が欲しい」と思っていたし、情けないことに口にも出していました。当然のことながら、「価値を提供する大切さ」を知っている人たちは、みんな去っていったのです。

こんな状態から何とか浮上することができたのは、恩師の有川一三さんがくださったこの言葉がきっかけです。

「己れ自身の為に生きる」
「人のために尽くすことが、己れの為になると確信して生きる」
「己れの為は忘れて、人の為に尽くす」

「人の為にただ尽くす。それ以外に人生はない」

人生はこの順番に究めていく。この順番に！なのです。まずは自らが自分自身で立てるようにならなければならない。

当時30歳。僕は、一生かけてやるべき言葉をいただいたと思っています。

それから、一つ、また一つと仕事の原点であるお客様への価値提供の仕組みをつくっていきました。今でこそ、大きな会社様にも価値提供ができていますが、当時はまだ価値ある仕組みなど全然持っていませんでした。そんな中でも、仕事を遂行するため、成果を出すための仕組みをつくり、再現性を持たせていきました。

ありがたいことに、その後、取引していただく会社が増え、再度独立した後も、経営も軌道に乗り、現在に至っています。

こうした失敗を経て、僕が骨身にしてみてわかったことは、仕事をするとはすなわち、誰かの問題を解決していくこと、それがすなわち、価値を提供するということです。

その結果、手にするのはお金だけではありません。プロローグでもお伝えしましたが、自分が売っているものがお客様の困りごとを解決し、「ありがとう」と言っていただけます。「買わせてくれてありがとう。これは気づかなかった」と。

「お宅の商品で、仕事がこんなに楽になった」
「うちの社員が生き生きと仕事をするようになった」
「お客様にとても喜んでいただけた、ありがとう！」

こう言っていただけるとき、**「そうか、これが働きがい、生きがいなんだ！」ということがわかるわけです。このような、「ありがとう」と言われる体験を一人でも多くの方にたくさん体験してほしい、それが僕の想いです。**

僕がこの本を出さなければならないと思ったきっかけは、２０１０年に幼なじみがこの世を去ったことにあります。亡くなった理由が、「就職が決まらないことによる心労」だと聞いたとき、「雇用されることだけが正義という仕組みをなくすこと」と同時に、「幸せな雇用を増やすこと」が僕の使命になりました。

もしも、すごく大変、やりづらい……そう感じていたら、自分のせいとは捉えずに、どの仕組みが自分を苦しめているのかを考えてみてください。そして、1日でも早く仕事をしやすい仕組みをつくっていってほしいと思います。

本書を読むことで、「自分のせいだ」という思いから解放され、生きやすい、そして「自分は誰かの役に立っている」という思いで仕事ができるようになったら、こんなに嬉しいことはありません。

この本を通じて、一人でも多くの方のお役に立てることを心から願っています。

2024年6月

田尻望

著者略歴

田尻 望（たじり・のぞむ）

株式会社カクシン　代表取締役 CEO
京都府京都市生まれ。大阪大学基礎工学部情報科学科にて、情報工学、プログラミング言語、統計学を学ぶ。2008 年卒業後、株式会社キーエンスにてコンサルティングエンジニアとして、技術支援、重要顧客を担当。大手システム会社の業務システム構築支援をはじめ、年 30 社に及ぶシステム制作サポートを手掛けた。

その後独立するも、一時的に「家なし、職なし、家族あり」の状態に陥る。失意の経験をするなかで、「仕事の原点」であるお客様への価値提供の仕組みをつくる大切さを再認識し、経営コンサルティング業を開始。その後、チャンスを得て起死回生するきっかけをつかむ。

「最小の人の命の時間と資本で、最大の付加価値を生み出す」という経営哲学をもち、価値につながらない仕事は極力減らし、高付加価値な仕事をすることを提唱。会社のみならず個人の仕事を仕組み化することの大切さを説く。

年商 10 億円～ 10 兆円規模の経営戦略コンサルティングなどを行い、月 1 億円、年 10 億円超の利益改善などを達成した企業を次々と輩出。企業が社会変化に適応し、中長期発展するための仕組みを提供している。

また、自身の人生経験を通じて、人が幸せに働き、生きる社会を追求し続けており、エネルギッシュでありながら親しみのある明るい人柄で、大手企業経営者からも慕われている。私生活では 3 人の子を持つ父親でもある。著書に『構造が成果を創る』（中央経済社）、『キーエンス思考× ChatGPT 時代の付加価値仕事術』（日経 BP）、10 万部を突破した『付加価値のつくりかた』や『再現性の塊』（かんき出版）などがある。

なぜ、あの人は仕事ができるのか？

2024 年 6 月 30 日　第 1 刷発行

著　者　田尻 望
発行者　徳留 慶太郎
発行所　株式会社すばる舎
〒 170-0013　東京都豊島区東池袋 3-9-7 東池袋織本ビル
TEL 03-3981-8651（代表）　03-3981-0767（営業部直通）
FAX 03-3981-8638
https://www.subarusya.jp/
印　刷　ベクトル印刷株式会社

乱丁・落丁本はお取り替えいたします。

ISBN978-4-7991-1175-8